心一堂彭措佛緣叢書·索達吉堪布仁波切譯著文集

《現觀莊嚴論總義——修行次第略說》
《現觀略義講記》合刊

華智（巴珠）仁波切　原著
索達吉堪布仁波切　講解

Śūnyatā

書名：《現觀莊嚴論總義——修行次第略說》《現觀略義講記》合刊
系列：心一堂彭措佛緣叢書・索達吉堪布仁波切譯著文集
原著：華智（巴珠）仁波切
講解：索達吉堪布仁波切
責任編輯：陳劍聰

出版：心一堂有限公司
地址/門市：香港九龍尖沙咀東麼地道六十三號好時中心LG六十一室
電話號碼：+852-6715-0840　+852-3466-1112
網址：www.sunyata.cc　publish.sunyata.cc
電郵：sunyatabook@gmail.com
心一堂 彭措佛緣叢書論壇：　http://bbs.sunyata.cc
心一堂 彭措佛緣閣：　　　 http://buddhism.sunyata.cc
網上書店：　　　　　　　　 http://book.sunyata.cc

香港及海外發行：香港聯合書刊物流有限公司
地址：香港新界大埔汀麗路三十六號中華商務印刷大廈三樓
電話號碼：+852-2150-2100
傳真號碼：+852-2407-3062
電郵：info@suplogistics.com.hk

台灣發行：秀威資訊科技股份有限公司
地址：台灣台北市內湖區瑞光路七十六巷六十五號一樓
電話號碼：+886-2-2796-3638
傳真號碼：+886-2-2796-1377
網絡書店：www.bodbooks.com.tw
台灣讀者服務中心：國家書店
地址：台灣台北市中山區松江路二〇九號一樓
電話號碼：+886-2-2518-0207
傳真號碼：+886-2-2518-0778
網絡網址：http://www.govbooks.com.tw/

中國大陸發行・零售：心一堂・彭措佛緣閣
深圳地址：中國深圳羅湖立新路六號東門博雅負一層零零八號
電話號碼：+86-755-8222-4934
北京流通處：中國北京東城區雍和宮大街四十號
心一店淘寶網：http://sunyatacc.taobao.com/

版次：二零一五年十月初版，平裝

定價：　港幣　　一百一十八元正
　　　　新台幣　四百六十八元正

國際書號 978-988-8316-48-9

目錄

《現觀莊嚴論總義——修行次第略說》《現觀略義講記》合刊

目
錄

現觀略義講記

華智仁波切　著

索達吉堪布　譯講

頂禮本師釋迦牟尼佛！

頂禮文殊智慧勇識！

頂禮傳承大恩上師！

　　無上甚深微妙法　　百千萬劫難遭遇

　　我今見聞得受持　　願解如來真實義

為度化一切眾生，請大家發無上殊勝的菩提心！

第一課

今天開始講解藏傳佛教五部大論之一的《現觀莊嚴論》。

《現觀莊嚴論》，也叫《現觀莊嚴智度竅訣論》，在藏傳佛教中地位極高。一般來講，格魯派寺院專學本論要四到五年，而我們學院的《現觀莊嚴論》學習班，男眾要學一年，女眾學兩年。極個別的今年學、明年學，兩三年中一直學修這部論典。

《現觀莊嚴論》的作者是彌勒菩薩。當年無著菩薩在雞足山苦行十二年，被彌勒菩薩以幻化身攝受到兜率

天，得到《彌勒五論》的教授。《彌勒五論》中的《辨法法性論》、《辯中邊論》、《經莊嚴論》和《寶性論》，我們都學過，而學《現觀莊嚴論》是第一次。從漢傳佛教的歷史來看，法尊法師譯過頌詞和略釋，但傳授時聽聞者不是很多，任傑老師等也講過，但範圍並不廣。所以，我們這次傳講，聽聞的人數也許算是比較多了。

以前有人祈請過《現觀莊嚴論》，但我一直沒有講。其實這部論和中觀的意義基本相同，中觀主要解釋釋迦牟尼佛二轉法輪的顯義——空性方面的教義；《現觀莊嚴論》主要解釋它的隱義——現證方面的教義。一個是解釋對境空性；一個是解釋有境現證，也就是諸佛菩薩能證悟對境的智慧——智慧的次第和智慧的不同境界。不像《因明》、《俱舍論》主要抉擇名言，《現觀》有一種深奧感，也許字面上不難解釋，但要真正了達其內容卻很困難，因為它詮釋的是聖者境界。

現在先簡單講一下《略義》。《略義》將《現觀莊嚴論》的意義作了攝略，它本來零散地存在於華智仁波切的著作中，後經學院的法師搜集、整理，才成了這部《略義》。《現觀莊嚴論》在印度有二十一大講義，而藏地各教派的注釋也最多。如果按各大教派和各大上師的傳承解釋，內容很多，所以我們先從字面上對《略義》作個解釋。希望道友們學了《略義》以後，能從總體上把握《現觀莊嚴論》的內容。

下面講《略義》：

頂禮文殊師利上師！

般若的法相，就是已經或者能夠抵達現證諸法離戲智慧的無住涅槃；

首先講般若。般若即般若波羅蜜多，也叫智度——智慧到達彼岸。為什麼先講般若？其實現觀是般若的異名，因為釋迦牟尼佛廣、中、略三大般若的究竟意義，就是依靠彌勒菩薩智慧中流現的《現觀莊嚴論》來解釋的。所以一說般若，大家就知道是指現觀。藏傳佛教有中觀班、現觀班，現觀的藏語叫「協欽」，意為智度，也就是般若。

所謂般若的法相，就是已經到達或者將來能夠到達現證諸法離戲智慧的無住涅槃。已經到達的，是佛的境界；尚未到達的，是從聲聞緣覺到十地菩薩之間的境界，這些境界的有境智慧叫般若。智慧波羅蜜多的本義是從此岸到彼岸，指聖者境界，所以一般初學者只有相似般若。

般若的事相，就是證悟大乘三聖道一切萬法無有自性的部分。

證悟大乘見道、修道、無學道的一切萬法無有自性，通達了這一點，稱為般若的事相。大家都學過因明，應該明白事相和法相的概念。

如果按照名稱來進行分類，則可分為自性般若、經

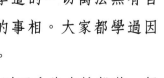

典般若、道般若與果般若四種。自性般若：是指現量證悟諸法離戲智慧的對境，它與基般若是一個意思。其界限在大乘三聖道；

現量證悟諸法離一切戲論的智慧，它的對境叫自性般若，也就是基般若。它的界限為大乘三聖道：見道、修道、無學道。因為只有聖者相續才證悟了離一切戲論的法界，所以自性般若只在三聖道有，資糧道和加行道都沒有真實的自性般若。

學《現觀莊嚴論》最關鍵的問題，是要了解每一個法的法相、事相以及界限，這三者非常重要。以前法王如意寶也要求：對於所講的每一個法，它的法相、事相要背誦，它的界限——在哪個菩薩相續中存在，也要通達。所以我們講每一個法，首先講法相，然後講事相及界限。

第二是經典般若。

經典般若：以詮釋基道果般若為主的經論，也即以所宣說的名稱、詞句以及文字而顯現的種種有表色，就是經典般若的法相。其界限，是從未入道直至最後有際①；

由能詮釋般若波羅蜜多空性法義的種種詞句、文字以及名稱所組成的有表色，稱為經典般若或文字般若。廣義來說，佛陀所宣講的三大般若——廣般若、中般

第一課

4

若、略般若或母子十七種般若，都可包括於經典般若當中；論典般若是印藏諸大論師們對般若經典的解釋，也包括漢傳佛教中對《金剛經》、《心經》等的注釋。總的來講，這些都可稱為經典般若。其界限是從未入道直至十地的最後有際之前。

第三是道般若。

道般若：能夠抵達現證一切萬法離戲智慧的無住涅槃之法，即為道般若的法相；以見道、修道及無學道三道為主的五道，即為道般若的事相。其界限，從真實的角度而言，是從大乘聖道開始；從假立的角度而言，則是從資糧道以及加行道開始。

道般若的法相：能夠抵達現證一切萬法離戲智慧的無住涅槃之法。而作為事相，以見道、修道、無學道為主，再加上相似道——資糧道、加行道，即是道般若的事相。大家應該清楚，法相就是定義，事相指具體是什麼。比如說，人的法相是知言解義；而人的事相，就是這個人、那個人，可以具體舉出幾個人來表示。這些在因明當中講得比較清楚。

真實的道從大乘聖道——見道開始；而假立的道，則是從資糧道以及加行道開始。

果般若：徹底現證一切萬法離戲的究竟無住涅槃智慧，就是果般若的法相；佛地的如幻智慧，就是果般若的事相。其界限僅為佛地。

《現觀莊嚴論總義——修行次第略說》《現觀略義講記》合刊

果般若就是佛的智慧。佛地有盡所有智和如所有智，這種顯現中的如幻智慧就是果般若的事相。它的界限僅於佛地，菩薩和一般初學者不可能有果般若。

四種般若真假的差別是什麼呢？

真偽的差別：基般若與果般若二者，為真實般若；而經典般若，則只不過是假立般若而已；至於道般若，則真假二者兼備。

基般若（或自性般若）與果般若，叫真實般若；經典般若是假立般若；至於道般若，一般來說有真偽兩種，無學道的般若是真般若，其他是相似般若。

陳那論師所說的「智慧度無二，彼慧即善逝。修彼具義故，論道立彼名」的密意，也就是為了表明它們之間的主從關係。

陳那論師說，智慧度無有分別，彼智慧即善逝如來正等覺，也就是說，只有佛陀的境界才是真正的智慧到彼岸。因為修持而具有意義，論般若（經典般若）和道般若就「立彼名」──假立般若之名。由此可見，自性般若和果般若是真正的般若無二慧；論典般若和道般若，或者都是假立，或者論典般若是假立而道般若分真假兩種。陳那論師的密意，也就是為了表明真偽般若之間的主從關係。

以上對《現觀莊嚴般若波羅蜜多教授論》的「般若」作了簡單解釋，是名稱的解釋。下面介紹《現觀莊

嚴論》的真正論義。

作為經典般若的《現觀莊嚴論》，是以三智、四加行和法身果八事，以及八事所分細的七十義來闡釋般若的。

《現觀莊嚴論》的所有內容，可攝於八事、七十義。七十義從八事細分出來，包括於八事。也就是說，般若要分就是三智、四加行、法身，只有八種事；而八事以七十種義來闡述，七十義中，有些用因來表示，有些用對境來表示。所以，要完全了知八事，一定要通達七十義。

這個《略義》雖短，但很重要。如果依靠它完全通達八事、七十義的法相、界限，學《現觀莊嚴論》頌詞時就很方便；如果不能通達，到時也會有雲裡霧裡的感覺，不知在闡述什麼道理。道友們的智慧很不錯，希望一開始能把八事、七十義背下來，實在不能背也要基本記下來。我們以前學《現觀莊嚴論》時，法王如意寶也是這樣要求的。

下面講八事中的第一事：

八事中的第一事，就是遍智[一切相智]：能於一剎那間現見諸法一切如所有性及盡所有性的智慧，就是遍智的法相。可分為兩種。其界限為佛位。

什麼是遍智呢？就是佛的智慧。對一切如所有法、盡所有法或勝義法、世俗法，佛智於一剎那間完全了

知，如是唯有佛陀才有的特法就是一切相智，也叫遍智，是八事中的第一事，也是《現觀莊嚴論》第一品的所詮內容。遍智可分為如所有智和盡所有智，它的界限僅限於佛地，別的地沒有。《現觀莊嚴論》第一品講遍智，每個眾生都想獲得佛果，所以，我們所求的目標就是遍智。

第二事叫道智：

道智[道相智]：了知三道無有自性，並依靠圓滿、成熟和修煉的方式，來現證空性的有學道智慧，就是道智的法相。可分為三種。其界限，為大乘五道。

道智就是菩薩的智慧。菩薩智慧能了知三聖道——見道、修道、無學道無有自性，而且能依靠圓滿、成熟、修煉的方式現證空性。道智可分為聲聞的道智、緣覺的道智和菩薩的道智。因為獲得菩薩果位時完全能了解聲聞緣覺的智慧，也需要通達聲聞緣覺的智慧，所以道智的分類有三種。相似的道智，大乘資糧道和加行道有，真正的道智，則見道以上才有。第二品主要講道智。

遍智以發心等十種法表示，道智以十一種法表示。遍智、道智屬於八事，十法、十一法屬於七十義，七十義從八事分出來，包括於八事。什麼叫道智、什麼叫遍智？簡單地講，道智就是菩薩的智慧，遍智是佛的智慧。第一次學習《現觀莊嚴論》，這些基本名詞一定要

記住。記不住的話，以後不知道學幾年，如果是七年，七年當中就要「坐飛機」了。

第三事是基智：

基智[一切智]：現證一切萬法補特伽羅人我為空性的片面智慧，就是基智的法相。可分為兩種。其界限，為小乘五道。

證悟人我空性——人無我的片面智慧就是基智的法相，可分大乘智慧和小乘智慧兩種。也可以說，基智有所取基智和所捨基智兩種。所取基智是指菩薩相續中的人無我智慧；而聲聞緣覺的自利境界在菩薩境界中不需要接受，所以成了所捨基智。基智的界限是小乘五道，七十義中以九種法來表示。

遍智、道智、基智三種智慧叫三智。按華智仁波切的觀點，三智是所去的方向，是要獲得的果。我們為什麼修《現觀莊嚴論》？就是要獲得遍智佛果，要得遍智，中間必經道智和基智，無此二智則不能攝受聲聞緣覺和菩薩，也就是未得遍智。所以這是一個過程，就好比我從色達前往拉薩，先到甘孜，再到昌都，最後才到拉薩。而如果到達了遍智，也說明已經了知或經過了下面的境界。因此，三智都是所得之果。

那麼三智通過什麼方式獲得呢？就是四種加行。下面講八事中的第四事——四種加行的第一個正等加行：

正等加行[圓滿現觀一切相加行]：為了使三智所證獲

得自在，而總攝無生三（智）進行修習的菩薩瑜伽，是正等加行的法相。可分為二十種加行。其界限，是從小資糧道直至十地之最後有際之間。

凡夫人對遍智、道智、基智未獲自在，為了使三種智慧獲得自在，總攝這三無生智進行修持的菩薩瑜伽，就是正等加行。正等加行共有二十種，以十一種法來表示。

四加行中的第二個，叫頂加行：

頂加行：依靠正等加行，總攝無生三（智）進行修習而獲得自在的菩薩瑜伽，是頂加行的法相。可分為七種。其界限，是從暖位直至最後有際之間。

頂加行就是依靠前面的正等加行，為使三智獲得自在而進行修行的菩薩瑜伽。對於三智的自在，這兩個加行是一對因果，正等加行從因方面安立，頂加行從果方面安立。所以，三智獲得自在可以從兩方面分析。頂加行的分類有七種，界限從暖位直至最後有際之間，七十義中以八種法來表示。

第三種加行，叫次第加行：

次第加行[漸次加行]：為了使與三智識相同時生起的證悟獲得穩固，而次第修習三智之相的菩薩瑜伽，即是次第加行的法相。可分為十三種。其界限，在漸悟者中，以聞思為主的，是從資糧道開始；而修行者，則是從暖位開始，直至最後有際之前（不包括最後有際）。

第一課

修持正等加行和頂加行使三智之相獲得了自在，為使這一自在境界進一步穩固而修習的菩薩瑜伽也有因和果兩方面，因方面就叫次第加行。下面會講到，它主要是按次第修持三智之相。次第加行由十三種法來表示。

第四個加行，叫剎那加行：

剎那加行：次第修習三智的菩薩瑜伽，便是剎那加行的法相。可分為四種。其界限，僅在十地的最後。

次第加行最後到達頂點，叫剎那加行。有些論典說這是到達究竟的修行，因為此時前面所有次第在一剎那間能夠現前。剎那加行的界限僅在十地最後，原因下面會廣說。本論八事中的每一事，都由一品來宣說。

最後一個事叫法身：

法身：修習加行所獲得的究竟之果，也即具備眾多無漏功德，便是果法身的法相。可分為四種。界限僅在佛地。

為了獲得遍智，我們開始修習加行，四加行圓滿就獲得法身果位。

通觀整部《現觀莊嚴論》，表示遍智的十法第一法是發心，表示法身的四法最後一法是事業，從發菩提心開始，一直到佛的事業——度化眾生，此間所有過程已圓滿無缺地闡述了。而整個過程就是《現觀莊嚴論》的次第。格魯派有些論師也認為：《現觀莊嚴論》是見解，《菩提道次第廣論》是修法。因此，概括《現觀莊

《現觀莊嚴論總義——修行次第略說》《現觀略義講記》合刊

嚴論》的整個內容，可以說：所得三智通過四種加行進行修持，而究竟獲得的是法身果位。

以上八事希望大家銘記在心，否則下面學習會有一定的困難。任何一部法都是這樣，剛開始沒有學好，到後來就困難了。所以，希望你們法師都重視這個《略義》，不管是輔導還是自己學，我覺得《略義》很重要。如果《略義》不懂，一開始就講《現觀莊嚴論》頌詞，可能會有不知所措的感覺，不知道在說什麼。

第一課

第二課

昨天學了重要的八種事，而八種事可分為七十義，所以，七十義分八部分宣講。

在七十義中，首先是表示遍智的十法：

一剎那能照見一切萬法真相的智慧叫遍智，也即佛陀的智慧。遍智可以用十種法表示，而其餘的每一事也都是用不同的法表示的。對於遍智、道智或基智等的本體，為什麼不直接宣說而要用其他法來表示呢？華智仁波切講過：要表示眼識，依靠它的對境——藍色物體以及它的因——眼根等因緣就很好了解或表示，而直接說有一定的困難。同樣的道理，依靠發心等十法則易於了知佛陀的智慧，否則凡夫無法了知遍智之本體。那麼，能通達一切萬法的遍智，為什麼只此十法就能表示呢？因為十種法已經足夠，不需要多、也不能少。

下面講十法的第一法——發心：

一、發心：以希求或者嚮往他利為因而引發，並以相應希求菩提果位為助伴的大乘殊勝意識，是大乘發心的法相。

大乘的發心有兩個條件：一是希求嚮往他利——利益眾生，讓眾生從輪迴苦海中獲得解脫，這是因；二是希求菩提，希求獲得圓滿正等覺果位是助緣。這樣的殊勝意識，叫做大乘發心。

如果就本體而分，則可分為願菩提心和行菩提心兩種；如果以比喻而分，則可分為二十二種。其界限，是從小資糧道直至佛地之間。

從本體的角度，菩提心可分為願菩提心和行菩提心兩種，或者也可分為勝義菩提心和世俗菩提心兩種；從比喻上分，本論以大地、黃金、月亮等二十二種比喻來說明。在發心的界限上雖有辯論，但一般而言，是從小資糧道開始一直到佛地之間。遍智佛果以發心為因，就像修房子先打地基一樣，沒有發心也就沒有成佛之因。所以，在成佛所需的一切因緣中發心是根本，而彌勒菩薩在七十義中先講發心的原因，也在於此。

發了菩提心以後，沒有善知識的教授和引導，凡夫則無法獨自獲得解脫。寧瑪巴歷來有這樣的教言：解脫之道，梵天、帝釋或世間智者、婆羅門、父母等誰都不能開示，唯有具法相之善知識才能給予指引。因此，發心之後一定要聽聞教授，具足教言。下面就講教授的法相。

二、教授：對於獲得大乘發心之義的方法，能夠無有錯謬地演說的能詮語，便是大乘教授的法相。以對境而分，可分為十種。其界限，相似的（教授），是從未入道（開始，一般的教授，是從資糧道）直至佛地之間。

發心以後，其意義要得以圓滿成就則須無錯謬之教

14

言，這些能詮語就是大乘教授。

所謂大乘教授，從聽受者的角度，凡夫至十地末之間都要聽受，初學者要聽，十地菩薩也要在佛的面前聽受。只聞思幾年就認為不用聽法了，這是一種錯誤想法。七地、八地菩薩還要以苦行方式聽法，凡夫人為什麼不用聽？所以，從資糧道至十地之間都要聽受教言。而從宣說者的角度，未入道者只能講相似教言；真正的教授，只有資糧道者至佛地之間才能開示。

不過，現在有些未發心、未入道甚至有些外道都想講竅訣。「要不要我給你灌個頂，你過來居士，你多找一點人⋯⋯怎麼只有你一個人來，為什麼不通知其他人，不行不行！今天灌頂的緣起不成熟，星期天的時候人多，那時候你多叫些人，最好是大老闆，然後我再給你灌頂。這個灌頂在藏傳佛教中都很難得⋯⋯」這也是一種「教言」。

真正能接受大乘般若波羅蜜多教言的根基在順抉擇分，也就是加行道。所以緊接著講教授的接受者——順抉擇分。

三、抉擇分[大乘加行道]：在大乘資糧道之後生起的，為勝解行地所攝的，具備五種差別法[特徵]的現觀，即為抉擇分的法相。可分為四種。其界限唯在加行道。

加行道在資糧道以後產生，為勝解行地所攝，不為有學、無學地所攝，加行道具五種特法的現觀就叫順抉

擇分。有些教言中講：加行道是行者相續與見斷煩惱即將分開的階段，由於見道使見惑從相續中抉擇並分離出來，而此時隨順此抉擇的緣故，說加行道為順抉擇分。它分暖位、頂位、忍位、世第一法四種。其界限在加行道。

前面講了發心、教授、教授的接受者，下面講修行。修行分四個方面：修行的所依、所緣、所為以及本體。首先講第一個：修行所依。自相續要獲得成熟必須依靠修行，而修行就要有所依。就像修路不離大地一樣，大乘現觀境界離開了所依，也無法現前。下面講修行的所依——自性住種性。

四、修行所依[修行所依自性住種性]：某種法界，便是此處所說的修行所依或種性的法相。根據能依之法的差別而分類，則有十三種。此論直接指出，其界限是從小暖位直至最後有際。

所謂修行所依或種性，小乘以無貪等為種性，唯識宗指阿賴耶上具有的無漏種子，中觀宗指的是無垢佛性，而這個無垢佛性就是此處所謂的修行所依，也就是說，拋開了小乘等根基，此處以某種法界為修行所依。由於所依是法界無法分類，所以從能依的角度分十三種。它的界限是從小暖位直至最後有際。這是修行所依。

下面講修行所緣：

五、修行所緣：大乘修行人遣除增益基礎的所知[外境]，即是修行所緣的法相。可分為十一種。沒有界限。

修行者修法要斷除增益、了解本義，作為其基礎的所知法，就是修行所緣。比如做生意，生意人的身分先固定下來，之後要掌握所買賣產品的種類，也即交流對境。同樣，作為修行對境的所知法，有些是所取，有些是所捨，有些是所得，而修行人要取捨，所緣的就是這些所知法。修行所緣可分為十一種，沒有界限。所謂沒有界限，是因為所知法從對境的角度安立，對境方面不能說為資糧道、見道等道地所攝。

然後講修行的所為，也就是修行要達到的目標：

六、修行所為：菩薩依照某種途徑而趨入修行所獲得的究竟成果，即是修行所為的法相。可分為三種。其界限為佛地。

菩薩通過某種途徑——發心、行持六度萬行等，趨入真正菩薩道而獲得的成果，就是修行所為的法相。而最後獲得的成果是三大——大心、大斷、大證。所以，我們學《現觀莊嚴論》就是要獲得大心、大斷與大證。凡夫的心胸狹小，有人說兩句就氣得要命，一個小火星落到身上也難以忍受，心量很狹窄、也很脆弱。但佛陀的心量廣大，即使身肉一塊塊割下來施予眾生，也能忍受。在大心之上，還有遠離一切煩惱障、所知障的大

《現觀莊嚴論總義——修行次第略說》《現觀略義講記》合刊

斷，以及證得盡所有智、如所有智的圓滿大證，這三大就是我們的目標，也即修行所為。它的界限唯在佛地。

講了修行的所依、所緣、所為三個支分，下面講修行的本體。本體分四個方面，首先是披甲修行：

七、披甲修行[披甲正行]：依靠大乘發心，為了獲得無上菩提而修持兩種利益，並在任何一種波羅蜜多中，都各自攝持了六種波羅蜜多，從而進行修持，即是披甲修行的法相。可分為三十六種。其界限，是從資糧道直至最後有際。

發心以後，為了獲得圓滿正等覺果位的目標行持自利與他利，並在一種波羅蜜多中攝持六度而修，就是披甲修行。披甲修行要在修一個波羅蜜多的同時完成六度，否則單修一度，今天單獨布施，明天單獨持戒、安忍……分開修需要漫長的時間，十分困難。所以，每一波羅蜜多都應涵攝六度，比如行持布施時將六波羅蜜多全部涵攝，就成了菩薩的方便。總之，在發菩提心的前提下，以一種波羅蜜多圓滿六度而修，就是披甲修行。每一波羅蜜多分六種，總共就有三十六種。披甲修行的界限是從資糧道直至最後有際。

下面講趣入修行——在實際行動中真正去行持：

八、趣入修行[趣入正行]：依靠大乘發心，為了獲得無上菩提而修持兩種利益，並主要以修所生慧所攝持的趣入大乘行為，便是趣入修行的法相。可分為九種。其

第二課

界限，是從暖位直至最後有際。

披甲修行時也有大乘行為，但它以發心為主，以一度攝六度而修持。而趨入修行則以修所生慧為主，也就是說，這裡的實際行持是以修所生慧攝持的趨入大乘行為。趨入修行可分為九種。其界限，是從暖位直至最後有際。

下面講資糧修行。通過十七種資糧的修行，真正的菩提妙果自然而然會出現，從這個角度安立為資糧修行。

九、資糧修行[資糧正行]：依靠大乘發心，為了獲得無上菩提，而修持兩種利益，並能直接產生自果大菩提，即是資糧修行的法相。可分為十七種。界限，前面的十五種（資糧）是從世第一法直至最後有際，而地資糧與對治資糧二者則存在於十地。

不離發心和行為，通過廣大智慧、福德資糧的修行，自果大菩提自然而然出現。這裡的內容較多，以後會一一廣說，現在只要大概了解其次第和重要性就可以了。

學習《現觀莊嚴論》，不具前世善根、對般若空性沒有信心的人，我覺得有一定困難。《現觀莊嚴論》所述的最低境界是小資糧道，而很多道友最高也許只是小資糧道。當然，除非是大菩薩的化身，否則以我們目前的境界，想真正了解此論還是有一定的困難。但不管怎

樣，短暫的一生中能值遇這部論典，的確很幸運。以前上師如意寶也講過：《現觀莊嚴論》由釋迦牟尼佛的補處——彌勒菩薩宣說，所以學習此論，對將來值遇彌勒佛出世轉法輪有非常殊勝的緣起。

《彌勒五論》中《現觀莊嚴論》最深，它宣說的是般若波羅蜜多現觀方面的法義，只要我們圓滿聽受就有相當大的功德。因此，有些人聽不懂不要緊，只要每天聽輔導，並且觀想：即生能遇到釋迦牟尼佛的空性法門，多麼快樂！以這樣的心態聽受圓滿，也有極大利益。

下面是定離修行：

十、定離修行[決定出生正行]：依靠大乘發心，為了獲得無上菩提，而修持兩種利益，最終必定會產生遍智，即是定離修行的法相。可分為八種。其界限，為十地的殊勝道。

以此修行，最終必定產生遍智。它可分為八種。資糧修行從世第一法到最後有際之間，但定離修行只有十地的殊勝道中才有。

以上講了遍智的十法，以此可以圓滿了解佛陀的遍智。下面講表示道智的十一法。菩薩相續中的無我智慧是道智。沒有不經過菩薩地的佛陀，所以遍智以道智為因。世間上也是如此，讀過中學才可以讀大學，而遍智就相當於大學境界，道智相當於中學境界，我們初學者

第二課

只相當於幼兒園——幼兒園的人，小學、中學、大學都沒讀，卻要去說大學的思想如何、中學的思想如何……是不是這樣？比喻不一定適合，但也可以相似說明。

表示道智的十一法：一、道智支分：以道智的因、本體以及果法中的任何一種所攝的功德，就是道智支分的法相。可分為五種。其界限，是從未入道直至最後有際。

表示道智的十一法，第一是道智支分。道智支分是道智生起的基礎，道智的因、體、果任一所攝的功德，都能作為生起道智的基礎。本論的頌詞提到：釋迦牟尼佛轉般若法輪時，很多天人因身體發光而心生傲慢。佛陀知道，天人們生了傲慢就不能成為般若波羅蜜多的法器，於是身中放出無量光明令其身光暗淡，當傲慢被摧毀以後才成了法器。由此可見，就像在荒田裡撒種無法生長一樣，修持菩薩道智要有堪能的根器，否則無法修持。道智支分可分為五種。其界限，是從未入道直至最後有際。

下面是第二、弟子聲聞道：

二、弟子聲聞道[聲聞道智之道相智]：以攝受所調化的聲聞種性，而令其證達聲聞道之所緣不可得[聲聞道所證悟的無我空性部分]的菩薩聖智，便是弟子聲聞道的法相。

弟子聲聞道是指聲聞的人無我智慧。為什麼在這裡

講聲聞的智慧？很多高僧大德解釋說：雖然《現觀莊嚴論》並非小乘論典，講的是大乘智慧，但作為菩薩必須了知聲聞的智慧，所以要涉及聲聞乘。不像《俱舍論》專門抉擇聲聞羅漢果，《現觀莊嚴論》自宗講小乘境界，有些是從所捨的角度，說明大乘不該尋求的一些自利境界；而有些則是從所取的角度，說明大乘也承許並接受聲聞所證悟的人無我。

為了攝受聲聞種性，大乘行者必須懂得他們的道，不懂就無法攝受，就好比攝受外道也要懂外道的教理一樣。當然，對外道典籍也要有個度。有個道友喜歡看氣功書，我發現了以後就問他：「你是佛教徒，為什麼看氣功書？」他說：「上師，你要理解啊！我是為了調伏那些氣功師，所以先看一看……」我看，也許是他自己已經入於其中了。不過，如果他的發心是真實的，也可以。

總之，為了度化聲聞而通達聲聞相續中人我不可得之空性法，是弟子聲聞道的法相。

如果以對境而分，則可分為聲聞聖道以及加行道的不可得智慧[空性智慧]兩種。其界限，為大乘五道。

從這裡明顯看得出來是講大乘智慧，而不是講聲聞自宗的智慧。

第三講獨覺道：

三、獨覺道[獨覺道智之道相智]：以攝受所調化的獨

覺種性，而令其證達獨覺道之所緣不可得[獨覺道所證悟的無我空性部分]的菩薩聖智，便是獨覺道的法相。其分類與界限同前。

這和前面一樣，應該好懂。而所謂獨覺道所證悟的無我空性，是指人無我與部分法無我。

四、大乘見道：尚未產生無漏修道之前的，證悟兩種無我的出世間智慧，便是大乘見道的法相。可分為十六種忍智。其界限，是從獲得見道果位的當下直至修道即將生起之際。

獲得一地菩薩果位時，二地以上的修道智慧雖未產生，但已具足證悟兩種無我的出世間智慧，這就是大乘見道。大乘見道可分為十六種忍智。修道生起以後就變成了修道智慧，所以，只有這一剎那的智慧叫大乘見道。

第五叫修道功用：

五、修道功用[大乘修道作用]：修道成果的功德，即是修道功用的法相。可分為六種。其界限，是從獲得修道的第二剎那，直至最後有際之間。

二地菩薩以上修道成果的功德，叫修道功用。修道功用可分為六種。在有學位，第一剎那見道尚未得此功德，所以它的界限是從獲得修道的第二剎那開始，直至最後有際——十地末尾之間。

第三課

　　下面接著講《現觀莊嚴論》的七十義。前面已經講了表示遍智的十種法，現在講表示道智的十一法，其中道智支分、弟子聲聞道、獨覺道、大乘見道和修行功用已經講完了，今天講勝解修道。

　　修道分有漏修道與無漏修道兩類，有漏修道以後得為主，而無漏修道從入定的角度安立。有漏修道又分勝解修道、勝解修道功德、迴向修道與隨喜修道，無漏修道又分修行修道和清淨修道。下面次第宣講：

　　六、勝解修道：堅定不移地深信母般若是三利‥‥[自利、他利、俱利]之源泉的有漏修道，即是勝解修道的法相。可分為二十七種。

　　堅定不移地深信或了知母般若（般若空性）是自利、他利、俱利（自他二利）的源泉，這樣的有漏修道即是勝解修道之法相。

　　對般若空性，凡夫信心是相似的，而非堅定不移。剛剛聽上師講了空性、剛剛讀了空性教言，或對空性稍有覺受時，會覺得空性很殊勝：「我生煩惱的時候，一觀空性就對治掉了，空性真妙……」但過段時間，這些定解不一定還在。所以，我們凡夫的信心並不穩固。只有從二地開始的修道位，才能完全明白母般若是自利、他利、俱利之源，才有堅定不移的信心。

自利、他利和俱利都可分為上、中、下三品，每一品又可分為上、中、下三品，所以，勝解修道共三九二十七種。

其界限，自利勝解，是從二地直至七地之間；俱利勝解，是在八地與九地；他利勝解，是在十地的後得之位。

二地到七地還有以自我而起的微細煩惱，這些煩惱障至七地末尾才能斷掉，所以稱自利勝解；八地、九地時已完全通達了自他平等，稱俱利勝解；十地後得位的利他心完全超越了自利心，和佛相似，所以稱他利勝解。從這裡我們看到，學現觀可以幫我們認識自己。有人說他已沒有絲毫自利心了，其實這是大話，因為乃至七地還存有自利的細微種子，而真能完全利他，已經是十地菩薩了。

近來我們學《現觀莊嚴論》，不像《入行論》的前八品，可以每天講點故事、講些生活中的實際問題來幫助理解，而只能靠理論詮釋，因為這裡講的全是聖者的現觀。也不像世間的數學、物理或化學，這些知識用上了是一種知識，用不上，對今生來世都沒有意義；而般若法門完全不同，因為即使不懂但只要聽聞了，那麼在彌勒佛轉法輪時也能成為他的首批眷屬，這一點有確鑿的教證。所以，希望大家能以極大的歡喜心聽法。

還有，對於想通達並修行空性的人而言，其實《現

觀莊嚴論》的意義極大。因為作為《般若經》的精華，本論對諸佛菩薩的智慧境界作了一一描述，學了之後再去讀《般若經》，對其內容不但不會覺得重複或模糊，反而會輕鬆、清晰地通達。故藏地有種說法：學《現觀莊嚴論》，對進一步認識和通達般若空性極有助益。

七、勝解修道功德[勝解修道勝利]：佛陀以及上地菩薩，對獲得勝解修道果位的菩薩生起歡喜，以及宣說住於其位之功德方面的任何一種讚美、承事和稱揚，即是勝解修道功德的法相。其分類與界限同前。

佛陀或上地菩薩對於獲得勝解修道位（二地到十地之間）的菩薩生起歡喜心，並對其進行讚美、承事和稱揚：對自利的菩薩作讚美，對自他二利的作承事，對完全利他的作稱揚，這就是勝解修道功德。其界限與勝解修道一樣，只不過勝解修道是從對母般若的認識方面安立，而此處是從諸佛菩薩對其評價的角度安立。

八、迴向修道：為了利他，而將善業轉為圓滿菩提支分的有漏修道，即是迴向修道的法相。可分為十二種。其界限，是從二地直至十地之間。

在世俗中，菩薩為利益天邊無際一切眾生將善根圓滿迴向，從而轉為菩提支分；在勝義中，所迴向的對境、善根等都了不可得，安住這樣的境界就是迴向修道。迴向修道可分為十二種，其界限是從二地至十地之間，因為此處所講的都是修道，而非見道。

九、隨喜修道：對於自他所作善業生起歡喜的有漏修道，即是隨喜修道的法相。可分為世俗與勝義兩種有境。其界限，是從二地直至十地之間。

隨喜修道是對自他所作善行生起歡喜心，由勝義和世俗兩種有境攝持——勝義安住於了不可得的境界、世俗中對善根進行隨喜。迴向修道是從不失壞善根的角度安立，而隨喜修道是從增長善根的角度安立，二者角度不同。其界限，是從二地直至十地之間。

以上是有漏修道，主要在修道過程中的後得位。下面是無漏修道——修行修道和清淨修道，是安住入定境界的兩種修道。

十、修行修道[引發修道]：成為究竟證悟之因的無漏修道，即是修行修道的法相。可分為五種。其界限，是從二地直至十地之間。

從二地至十地，所有證悟依靠前前證悟之因而獲得，而此究竟證悟之因的無漏修道，就是修行修道的法相。

十一、清淨修道：成為究竟所斷之因的無漏修道，即是清淨修道的法相。針對九種修斷，而可分為九種。其界限同前。

所證和所斷二者，修行修道從所證的角度安立，清淨修道從所斷的角度安立。

以上講了道智。道智是一地到十地菩薩的智慧，以十一種法表示：菩薩功德生起方面的道智支分、了知聲聞

弟子人無我境界的弟子聲聞道、了知緣覺人無我和部分法無我境界的獨覺道、了知菩薩境界的見道、修道中的修道功用、勝解修道、勝解修道功德、迴向修道、隨喜修道、修行修道、清淨修道。這十一法從不同角度作了安立，所以，學了十一法就可以對道智有個總的了解。

下面講基智。按獅子賢論師的觀點，基智主要從對治角度安立；而佛智論師認為，基智完全是了知對方的境界；也有論師認為，基智既有對治也有了知，從兩方面安立。總之有不同說法。不管怎樣，基智跟道智不同，道智完全講菩薩的境界；而基智，雖然本論未直接講聲緣境界，但從菩薩的所知、所斷兩方面都有闡述。

表示基智的九法：一、智不住生死基智[由智不住三有之道智]：以證悟三世為無有自性的平等性之智慧，而滅除生死有邊的菩薩智慧，便是智不住生死基智的法相。其界限，為大乘五道。

這是菩薩的智慧。以此智慧證悟三世無有自性、完全平等，當證悟了以後便能滅除生死。凡夫人對此世間因未證悟空性而貪執，不論見到了美食還是遇到了什麼對境，對事事物物都有強烈執著。而菩薩了知整個三有為空性，並依此智慧不住生死，滅除了生死輪迴之邊，也就不會像凡夫一樣在輪迴中漂流輾轉。這就是智不住生死基智。它的界限為大乘五道，其中資糧道只有相似智慧，比如聞思中觀以後對世間法不太貪執了，這種境界

小資糧道就有。當然，真正的基智在一地到十地之間。

二、悲不住涅槃基智[由悲不住涅槃之道智]：以殊勝發心之力而能滅除寂滅邊的智慧，便是悲不住涅槃基智的法相。其界限，為大乘五道。

因大乘菩薩有殊勝菩提心，所以不會像聲聞緣覺唯求自我寂滅的果位，不會安住於此境界。這種滅除寂滅邊的智慧，就叫悲不住涅槃基智。

三、遠基智[於果般若遙遠之一切智]：被對基道果三者的相執所束縛，而無力對治這些執著的基智，即是遠基智的法相。其界限，為小乘五道。

對基道果所攝的任何一法——有為法或無為法生起相執，被束縛而無力對治，此基智就叫遠基智。遠基智的界限為小乘五道。

《定解寶燈論》等論典中說：如果個別宗派所謂「聲聞緣覺和佛菩薩的智慧完全一樣」成立，那麼《般若經》就不應有近基智、遠基智之別。確實有這個過失。因為，如果聲緣智慧跟菩薩智慧一樣，那麼聲緣也應同於菩薩，其智慧也靠近果般若。但這麼承認與《般若經》相違，《般若經》說聲緣智慧距果般若遙遠，是遠基智。所以，相對於菩薩近的智慧而言，二乘的智慧是遠。

四、近基智[於果般若鄰近之一切智]：證達具備殊勝之方便智慧的基位‥[諸法]無自性智慧，即是近基智的法相。其界限，為大乘五道。

《現觀莊嚴論總義——修行次第略說》《現觀略義講記》合刊

近基智是菩薩的智慧。菩薩已證達具備最殊勝方便智慧的諸法無自性智慧，雖說還不像佛陀那樣完全通達，但對果般若——遠離一切戲論之空性已極為接近。近基智的界限在大乘五道。它距離果般若，雖有資糧道乃至十地之遠近差別，但總體來講比聲聞緣覺了知得高。

五、所治基智[所治品之一切智]：因顛倒執著於基位[諸法]實相而被束縛，從而成為菩薩之所斷的基智，即為所治基智的法相。其界限，為小乘五道。

小乘因對實相顛倒執著而被束縛，而這種執著是大乘菩薩的所斷，所以叫所治基智。所治基智的界限為小乘五道。小乘五道的境界其實是大乘五道之所斷，因為小乘五道的境界有執著相，翻閱大、中《般若經》就會明白，其執著相只有依大乘道才能完全斷除。

第三課

六、能治基智[能治品一切智]：因證悟基位[諸法]無有自性，從而能夠對治於基位[諸法]之相執的智慧，便是能治基智的法相。其界限，為大乘五道。

與所治基智相反，菩薩的智慧對基道果所攝有為無為一切法了無相執，所以能對治小乘的執著。這是能治基智。它的界限是大乘五道。

七、基智加行[一切智加行]：通過斷除對於色法等等的耽執，而能間接引發聲聞、獨覺加行的修道，便是基智加行的法相。可分為十種。其界限，是從資糧道直至十地之間。

對色法等等的耽執斷除以後，間接引發聲聞緣覺的修道，就是基智加行。

八、菩薩加行平等性[一切智加行平等性]：因修持基智加行，從而能斷除對各種外境以及有境的安立，便是菩薩加行平等性的法相。其分類為，十種加行各有四種，總共為四十種。其界限同前。

有些講義說：對色法本體、相狀、特性以及有境心識的執著全部斷掉，此境界即是菩薩加行平等性。

九、基智見道[通達聲聞住種類之見道]：徹見遠離三十二種增益之真諦，並能間接引發小乘見道，便是基智見道的法相。其界限同前。

三十二種增益正論中會講，即四諦十六行相及其違品。以上講了表示基智的九種法，通過學習這九法，我們應懂得什麼是菩薩所了知或所斷基智。至於基智的安立方式，我們學正論時會了解的。

總之，遍智、道智、基智分別是佛陀所證之不可思議智慧、菩薩所證人無我和法無我的智慧以及聲聞緣覺的智慧。作為修行人的所求目標，這三智通過四種加行獲得，而對四加行的闡述，正等加行的篇幅較大，頂加行的內容不多，次第加行和剎那加行的內容也很少。下面次第宣講。

表示正等加行的十一法：一、加行相[圓加行所修之行相]：加行所修的對境或者智慧差別，便是加行相的

《現觀莊嚴論總義——修行次第略說》《現觀略義講記》合刊

法相。可分為一百七十三種。其界限，以識相的角度而言，是從資糧道直至佛地之間。

抉擇了三智以後還要了知修行，而了知修行先要知道所修對境或智慧的差別，這就是所謂的加行相。比如修文殊本尊，先要了知文殊菩薩的聖相、功德以及攝持修行的智慧。加行相有一百七十三種，包括一百一十種遍智的相、三十六種道智的相和二十七種基智的相，是加行所修之法。這裡的加行並不是《大圓滿前行引導文》所說的五加行或四加行。我們應該清楚，一個名詞在不同場合可以有不同意義，所以不能以一種解釋套用到顯宗、密宗一切場合。

總之，作為般若波羅蜜多的所修內容，一百七十三相中具足了對境差別和有境智慧差別。而其界限，從識相角度而言，是從資糧道直至佛地之間。

二、加行[能修諸加行]：為了獲得自在，而總攝三智進行修持的（菩薩）瑜伽，便是加行的法相。可分為二十種。其界限，是從小資糧道直至最後有際之間。

為了使一百七十三相於自相續中獲得自在，把它們攝於三智而修持的菩薩瑜伽，便是加行的法相。加行可分為二十種，這二十種是具體的修法，很重要，也比較難懂。

第三課

第四課

《現觀莊嚴論略義》的七十義，我們已講了表示三智之法，現在講表示四加行之法。首先是表示正等加行的十一法，其中加行相和加行已經講完了，下面講加行功德。

三、加行功德：因修習加行而獲得的暫時與究竟功德，即是加行功德的法相。可分為十四種。其界限，是從大乘資糧道直至佛地之間。

修行加行而獲得的暫時與究竟功德即是加行功德。所謂暫時功德，比如遣除即生的違緣等；所謂究竟功德，即最終獲得圓滿正等覺果位，這些功德歸納起來有十四種。加行功德的界限，是從大乘資糧道至佛地之間。

為什麼講加行功德？因為了知了功德，才會對般若法門生起信心和歡喜心。比如一枚寶珠，當你了知把它戴在身上就不會得龍病、傳染病，即生的一切所作都將如願等等，就會不惜代價地求取。所以，讓人學佛先要讓他了知功德。而世間人不學佛，也只因他不知學佛的功德，如果他知道學佛對精神、對生活、對今生來世的種種利益，也一定會學的。誰都執著自己的利益，但對佛法的無知卻使他難以獲得真實自利。

四、加行過失：對加行的生起以及增上作阻礙的魔

業，便是加行過失的法相。可分為四十六種。其界限，在七地以下。

為了獲得加行功德，修行人要使加行在相續中生起並增上，而對此作阻礙的魔業，就叫加行過失。加行過失共有四十六種魔業：依靠自身的有二十種，依靠自他二者任何一方的有二十三種，依靠他身的有三種。比如，傳講者和聽法者的意見不合，法師想略說，而聽法者卻想廣聞；法師欲廣說，而聽法者卻想早一點結束……這就是魔業。能了知何者是魔業，在修學般若波羅蜜多的過程中，就會及時認知歧途並改正錯誤，而不致捨棄加行。

五、加行性相[加行定相]：表示大乘加行本體或者功能的智慧便是加行性相的法相。可分為九十一種。其界限，是從大乘資糧道直至最後有際之間。

加行性相是表示大乘加行的本體或功能之智慧，其九十一種分類總的攝為智相、作用相、勝相和自性相，以表示三智之相。了知了加行性相就會對果法生起歡喜，就像知道拉薩的功德才有去拉薩的動力一樣。它的界限是從大乘資糧道一直到十地末。

七十義中有的從對境方面講，有的從本體方面講，有的從作用方面講，還有的是從修行者身分方面講……把握了這些，其實聞思本論也不難。雖說很多道理對凡夫而言不可思議，但在前世善根和習氣的推動下，很多

有緣人也能歡喜地趨入聞思修行。因此，能否學好這部論典，也跟自己的緣分有關。

學院就有很多堪布，對《現觀莊嚴論》極有信心，每天不間斷地念一遍頌詞。藏文《般若經》有十二大函，全部念很困難；而作為般若法門總集的本論，只有兩百多頌，念一遍並不難。所以，同樣是有緣人，我們要為能背誦這部論典而生歡喜。不要總是想：今年又背這背那，多困難！我舌頭都磨爛了，多痛苦……而應該想：依靠這個肉身能背誦這部論典，太難得了！

六、大乘順解脫分：能夠利益遠離（痛苦）之殊勝法，但其體性尚不屬於清淨善根位階段的道，即是大乘順解脫分的法相。可分為五種。其界限，是從入道直至獲得加行道果位之間。

大乘順解脫分在資糧道而不是加行道，這種善根是能遠離痛苦的殊勝法，有信、勤、念、定、慧五種分類。

所謂善根，有順福德分、順解脫分和順抉擇分三種。順福德分善根是未以出離心、菩提心或空性見攝持之善法。就像世人念「阿彌陀佛」，既無出離心又無菩提心，更不必說空性見，他們只是以健康、發財等世間福報為目標，而這樣念佛、行善，只能造一些人天有漏福德。順解脫分善即隨順解脫之善根，有兩種：一是小乘順解脫分善，以遠離世間、厭離輪迴、希求寂滅的心

態修行四諦；一是大乘順解脫分善，以利益一切眾生、希求佛果之心修持皈依乃至般若等大乘善法，我們從入大乘道開始至加行道之間，所行持的就是這種善根。

大乘行人一定要善巧大乘修行，也就是說，要讓所作善根成為順解脫分，成為解脫之因。若是順福德分，只能積累點福報、得人天之果，而如果發了菩提心，那麼哪怕念一句觀音心咒、放一條生命、轉一圈佛塔，乃至在電腦前做些平凡善法，也都成了隨解脫分善根。

七、大乘順抉擇分：具有緣眾生為對境的殊勝之相，並以修所生慧為主體的勝解行智慧，便是大乘順抉擇分的法相。可分為四種。其界限，在暖等四位。

順解脫分善根成熟以後，以緣眾生為對境而生起諸多殊勝之相，以修慧而非聞思智慧為主體，這樣的凡夫智慧就是大乘順抉擇分。在順抉擇分位，輪迴與涅槃的界限已漸漸分開而即將趨入見道，所以不同於順解脫分善。

八、有學不還[有學不退轉相]：具備不墮有寂任一邊際確定標誌的菩薩，便是有學不還的法相。可分為分別住於加行道、見道、修道三道的三種。其界限，是從大乘暖位直至最後有際之間。

具備不墮三有、不墮寂滅標誌的菩薩，是不退轉相。住加行道、見道、修道三種行人，稱不退轉者。前面講加行道是從智慧角度，而這裡指補特伽羅。為什麼

叫不退轉？從不墮落的角度，菩薩於加行道忍位已不會墮入惡趣；而從授記的角度，如《經莊嚴論》所說：見道及八地會得不退轉授記，也有利根者於加行道即得授記。所以，不退轉的界限是從大乘暖位直至最後有際之間。

下面的三種加行——生死涅槃平等加行、清淨剎土加行和方便善巧加行，分別是獲得法身、報身、化身的三種修法，一般來講是八地以上菩薩的境界。當然，相似境界，凡夫也有。

九、生死涅槃平等加行[三有涅槃平等加行]：以證悟輪涅二者無有自性而進行修習的加行，即是生死涅槃平等加行的法相。其界限，相似的，是從大乘資糧道開始；而真實的，則在（三）清淨地。

不是口頭上，而是完全通達輪迴、涅槃無有自性、不生不滅，由此而修行的加行叫生死涅槃平等加行。八地菩薩知道即將成佛，為了現前法身而修此般若加行。對法身，顯宗、密宗的講法不同，密宗指普賢王如來，而顯宗指二十一種無漏功德。我們學《中論》、學《現觀》，為獲法身不斷修持「輪迴與涅槃，無有少分別……」的中觀見解，這是相似的生死涅槃平等加行；而真實的在三清淨地，從八地才開始修持。

十、清淨剎土加行：能使自己將來成佛的剎土之器情二世間都遠離過患，即是清淨剎土加行的法相。可分

為兩種。其界限，相似的，是從大乘資糧道開始；而殊勝的，則在（三）清淨地。

所謂的清淨剎土加行，是指為了獲得圓滿受用報身果位，而在因地所作的發願與積累資糧。相似的清淨剎土加行凡夫也有，比如為了往生極樂世界而念佛、積資淨障；但真實的只有八地以上才有。

十一、方便善巧加行：能了知行持方便善巧的十種對境[十種方便善巧]是應時還是非時的加行，即是方便善巧加行的法相。可分為十種。其界限，相似的，是從大乘資糧道開始；而主要的，則在（三）清淨地。

這是獲得種種事業化身的加行。為了在不同緣分的眾生前示現化身事業，一定要知道於何時、何地、於何種因緣下示現何種事業，何為應時、何為非時……對這些，具足神變神通的佛陀、大菩薩們徹知無礙，而我們凡夫要靠猜測，但往往測不準。前些日子，有的法師來學院聽了兩三天課就認為因緣成熟而回漢地弘法去了，但因不了知時非時，反而落入在家的網中，回不來了。所以，只有修此加行才能知道何時該入城市、何時不該入；要度眾生，也知道何時能度、何時不能度……

以上講了正等加行。正等加行在《現觀莊嚴論》裡比較難，內容也較多。

表示頂加行的八種法：一、暖頂加行[具足十二相狀之頂加行]：暖位所攝的總攝修習之標誌殊勝者，即是標

第四課

誌（頂加行）[暖頂加行]的法相。可分為十二種。其界限在暖位。

加行道分四位，首先是暖位。修持般若波羅蜜多加行，超越資糧道獲得一定成就入於暖位時，會出現十二種徵相，比如做夢時也了知諸法如幻如夢等。此時雖是凡夫，但跟資糧道不同，因為已接近登地，所以不論在醒覺位還是夢裡，種種相已經現了。我們看看自己有沒有這些相？暖位可不是開了「地熱」的感覺。

二、頂頂加行[福德增長之頂加行]：加行道頂位所攝的總攝修習之殊勝增長階段，即是相‧增長（加行）[頂頂加行]的法相。可分為十六種。其界限，在大乘加行道頂位。

加行道頂位時，其福德較供佛等善根極大增長。《大般若經》裡講：若有人供養諸佛並迴向正覺，而獲頂位者為別人宣說般若波羅蜜多，後者功德尤勝於前……乃至共有十六種一層層超勝的功德。因為善根增長，所以叫「相增長」。

三、忍頂加行[堅固頂加行]：為忍位所攝的，對於三智的任何一種證悟以及不捨眾生之利都已獲得堅固的頂位，即是堅固（加行）[忍頂加行]的法相。可分為兩種堅固。

忍位時，證悟穩固且利益眾生永不退轉，所以叫堅固頂加行。凡夫人有時覺得修行不錯，不管夢境還是白

天修法，兩三天當中很有把握，但因未得忍位，兩三天以後境界全都消失了。有時利益眾生的心很切，尤其學《入菩薩行論》第一品時，上師剛講了發心功德，「我一定要利益眾生！」但過兩天又銷聲匿跡了。這就說明沒有獲得穩固。而獲得忍位時則不同，因證悟境界和利益眾生的心都很堅固，不容易被摧毀。

四、世第一法頂加行[心遍住頂加行]：對於四種菩薩隨喜發心之義能夠一心專注而安住的頂位，為世第一法所攝，即是心遍住加行[世第一法頂加行]的法相。

世第一法菩薩隨喜地上四菩薩的善根，有一百二十一種禪定出現。和前面的加行不同，此時不管你的心專注哪一境界，都能完全專注。

不像我們，我們想閉關、修行，但稍坐一會，或者睡著了或者打妄想，這說明還未得世第一法。獲得世第一法，你就能於所專注的境界如如不動。

五、見道頂加行：對於見道所斷之妄念能夠特別對治的總攝修習殊勝（三智）者，即是見道頂加行的法相。可分為針對四種妄念的四種對治。

見道所斷之對治的三智修行叫見道頂加行。《現觀莊嚴論》裡講：分別妄念有所取分別和能取分別，所取分別又有趣入所取分別和退還所取分別，能取分別也分執實能取分別和執假能取分別。

六、修道頂加行：對於修道所斷之妄念能夠特別對

治的總攝修習殊勝（三智）者，即為修道頂加行的法相。可分為針對四種妄念的四種對治。

見道頂加行是對治見斷，而修道頂加行是對治修斷。二地至十地有不同修斷，這些修斷也可分為四種分別妄念，以四種對治摧毀。

七、無間頂加行[無間道之頂加行]：成為遍智親因[2]的總攝修習殊勝（三智）者，即為無間頂加行的法相。其界限，僅為最後有際。

無間頂加行就是十地末位，因為十地末（金剛喻定）之後無間成佛，所以這種加行是成佛親因。所謂無間，即無間隔或無任何違緣。

八、應遣邪行：顛倒執著二諦之無知，即是應遣邪行的法相。可分為十六種。其界限，從未入道直至最後有際之間。還有一種說法，是直至七地之間。

應遣邪行也叫所斷邪分別念。凡對二諦的顛倒妄想分別，都可包括於應遣邪行當中。諸如對人、對法的執著，乃至七地之前都有不同執著，這些都可包括在應遣邪行中。從所知障的角度，未入道至十地末都有應遣邪行；而從煩惱障的角度，未入道至七地都有應遣邪行。

---

[2]親因：能生因之一。直接生起自果，與自己所生後果之間，無需經過其他事物，如煙之親因為火。

第五課

下面繼續學習《現觀莊嚴論略義》。不像《入行論》、《大圓滿前行》，《現觀莊嚴論》闡述的是諸佛菩薩的境界，所以學起來會比較吃力。但不管怎樣，大家還是要以歡喜心諦聽。無論是在座四眾道友，還是電視屏幕前的道友，我們以不共的緣起法傳播甚深佛理，諸位也有緣聽受此般若法門，的確希有難得。

有時候我想，在這樣看似普通的佛學院裡，我們聽受的也是不為世人所知的佛法，沒有名聲、沒有地位，我沒有、你們也沒有，但它的意義和價值卻遠遠超過當代的高等學府。雖然清華、北大、哈佛等可謂世界有名，但裡面所學的內容僅僅是世間法，而且是增長貪嗔癡的世間法。息滅貪嗔癡，對今生有利、對來世更有利的團體在何處？大家應該反反覆覆觀察。

在我的有生之年，能將彌勒菩薩的甚深般若法奉獻諸位，內心非常歡喜。雖然我講得不好，但我們所緣的對境是般若空性，是釋迦牟尼佛、彌勒菩薩、無著菩薩等一脈相傳的法，其內容可鏟除我們相續中對輪迴的實執，並播下無比殊勝的解脫種子。所以，大家不要錯過這樣的因緣。如果以身體不好或其他違緣中斷傳承，一定要補圓滿。我們已從多方面提供了條件，你們只要稍作努力，一定會有所收穫。世間人為了世間法，為生

活、為感情可以付出一切，而我們只要付出其一半的精進和努力，就能獲得此法的圓滿傳承和要訣。

當然因緣所限，有的人會斷傳承，有的人會起一些分別念，但對法的恭敬心和歡喜心不要中斷。二十年以前，我本人對《現觀莊嚴論》就有很大的希求與信心，和希求大圓滿的信心無別。有時侯我一個人坐在自己的小屋裡，回顧二十年前的人生經歷，還能感覺到當年對般若空性的歡喜心，漸漸對自己都生起了隨喜。像我當年的那種歡喜，我想現在道友們也會有。包括外面的佛友、居士，他們紛紛報名，最近也正在學習。大家有積極性，才會有收穫；如果不珍視佛法就不會希求，不希求就不可能有收穫。因此，我們要以不共的信心來聽受，聽聞後再反覆思維，並發願無餘獲得三智、四加行、法身所攝一切功德。

下面講次第加行。四加行中，正等加行和頂加行從三智修行得以自在的角度來講，分為因和果；次第加行和剎那加行從三智自在後加以穩固的角度來講，也分因和果。僅獲得三智功德還不夠，一定要穩固，這就需要次第加行。就像出離心和菩提心，修任何法一定要長期串習，否則，即使聽受上師教言或看法本之後有所了悟，但遇到外緣或生了邪分別，原有的境界也會煙消雲散。所以，任何境界都需要穩固。

正等加行一百七十三相是無次第的，而次第加行與

之不同。

　　表示次第加行的十三種法：一、布施次第加行：為了（三智之相）能獲得穩固，而以修持布施波羅蜜多所攝持的，次第修習三智之相的菩薩瑜伽，便是布施次第加行的法相。

　　為了使三智之相得以穩固，以修持布施波羅蜜多所攝持的，並非無次第而是有次第地修持三智之相的菩薩瑜伽，即是布施次第加行。修此布施次第加行時，其餘五度也包括其中。

　　位於其後的（二、持戒次第加行；三、忍辱次第加行；四、精進次第加行；五、靜慮次第加行；六、般若次第加行等）五種波羅蜜多加行也可依此類推；

　　其餘五種波羅蜜多加行也可依此類推。比如，為使三智之相獲得穩固，以修持持戒波羅蜜多所攝持的，次第修持三智之相的菩薩瑜伽，便是持戒次第加行的法相。其餘的都可以類推。

　　以上是六波羅蜜多次第加行。

　　七、隨念佛次第加行：為了（三智之相）能獲得穩固，而以二諦隨念佛陀的方式，次第修習三智之相的菩薩瑜伽，即是隨念佛次第加行的法相。

　　為使三智之相得以穩固，通過二諦的方式來隨念佛陀——世俗中以如夢如幻的方式隨念佛陀的圓滿相好、十力、四無畏、十八不共法以及智慧、事業、功德等種

種功德，對此生起歡喜心；在勝義中或入定位，安住於一切無所得、無所住、無所取的境界，次第修習三智之相的菩薩瑜伽，就是隨念佛次第加行的法相。

位於其後的（八、隨念法次第加行；

同樣，為了三智之相獲得穩固而以二諦的方式隨念正法——勝義中法了不可得，而世俗中教法與證法具有救護和改造等無邊功德，通過這種方式進行隨念，就是隨念法次第加行。

九、隨念僧次第加行；

與前面相同，隨念大乘僧眾和小乘僧眾的功德來進行修持，就是隨念僧次第加行。

十、隨念戒次第加行；

與持戒次第加行不同，這裡從隨念受持清淨戒律的功德角度來講，而持戒次第加行是從修持戒度使自相續得以淨化的角度來講。

十一、隨念天次第加行；

前面的加行，比如護持清淨戒律以及不離佛法僧三寶等，作為凡夫，沒有聖尊幫助有一定的困難，所以始終要隨念天尊。所謂天尊，包括四大天王等世間護法神和度母等出世間本尊。這六隨念在龍猛菩薩的有關教言中講得比較清楚，大家可以參考。

十二、隨念捨次第加行等）隨念次第也可依此類推。

捨指布施。布施次第加行是從修持布施的角度講，而這裡是講隨念布施的功德。為什麼要隨念捨和戒？因為修行之道依靠布施和持戒，沒有此二者，修行難以成功。

十三、無實性智次第加行[法無性自性漸次加行]：為了（三智之相）能獲得穩固，而以證達一切萬法真實本體無有差別的方式，次第修習三智之相的菩薩瑜伽，即是無實性智次第加行的法相。

為了使三智之相得以穩固，以通達一切萬法無有本體的實相，也就是說以入定智慧攝持時，了達一百七十三相或從色法到一切智智之萬法無有實質的相可得，如是次第修持三智之相的菩薩瑜伽，叫無實性智次第加行。

以上是說明次第加行的十三種法。下面講剎那加行。

剎那加行：在獲得穩固之後，而對三智諸相於一剎那間同時進行修習的菩薩瑜伽，便是剎那加行的法相。可分為四種：

剎那加行是對三智諸相於一剎那間全部進行修習的菩薩瑜伽。於一剎那間，對我們來講不要說所有相，一種相也無法修持；而通過修行最終獲得剎那加行時，一剎那間便可圓滿修持三智諸相。

它分為四種。其中非異熟剎那加行和異熟剎那加行

從顯現功德的角度安立，無相剎那加行和無二剎那加行從證悟對境實相的角度安立。首先講非異熟剎那加行和異熟剎那加行的差別，「異熟」指成熟，也就是說種種功德法在自相續中通過修持的能力完全成熟；還沒有通過修行在自相續中完全成熟叫「非異熟」。關於異熟剎那加行和非異熟剎那加行，在《現觀莊嚴論》第七品中有很多不同觀點。

一、非異熟剎那加行：在行持布施等每一個學處當中，都涵攝了一切無漏法，通達以本體聚集的方式而攝持於其中的，徹底圓滿之修持，也是刻苦精勤的觀修達致究竟的力量所導致的。

行持布施、持戒每一波羅蜜多學處時，在此波羅蜜多中涵攝了從凡夫到一切智智之間的三十七道品等所有功德法的無漏法。因為這些功德法的本體都是空性，所以其（所有的無漏法）本體以集聚的方式包括在布施等每一種修行中。因此，這些所有的相在一種修持中就能具足。當然從補特伽羅的相續來講，有些功德法還沒有成熟，因此叫非異熟剎那加行。

哦巴活佛的解釋方法與這裡有些不同，他認為非異熟剎那加行的本體是廣大行相究竟的福德資糧，這是從福德達到究竟的角度安立的；而異熟剎那加行的本體是甚深智慧究竟的智慧資糧的現觀。哦巴活佛的《現觀莊嚴論釋》有個特點：文字少，內容易懂。我覺得他的解

《現觀莊嚴論總義——修行次第略說》《現觀略義講記》合刊

釋方法也很好，有空的時候大家可以參閱。對一些不容易理解的問題，應該多參考一些論師的觀點。

二、異熟剎那加行：就是若從何時起能獲證最後有際的無間剎那——以無勤而獲的形式成熟或者圓滿的，從法性當中所產生的無間道，也即自性中本體原本無垢的諸無漏白淨法之自性，或者以與其不可分離的方式而成為其本體的般若波羅蜜多現空雙運之空性。

這是無勤而獲的，從法性中產生的無間道。也就是說，此無間道之無漏白淨法與空性無二無別；也可以說，在十地末有境般若智慧與對境空性無二無別中，六波羅蜜多和空性無別的究竟境界，即異熟剎那加行。或者按哦巴活佛的解釋：甚深智慧的智慧資糧達到究竟的現觀，就是異熟剎那加行。

第五課

三、無相剎那加行：在有學道期間，由具備布施等所有道相的行持，而於輪涅諸法如同夢寐般住於現空雙運之境界，當修持達到究竟之際，則能通達清淨染污諸法不存在生、滅、一、異等法相的自性。也就是說，所謂最後有際之剎那智慧，也即一剎那能證達上述境界的智慧。

無相剎那加行，是在一剎那中證悟萬法之一、多、生、滅等相皆不存在，如是通達萬法真相，無我相、無人相的境界於一剎那間徹底通達，而在此以前並未通達。所以說是在有學道時，因具備布施等道相的行持，

而在世俗中，對輪涅所攝萬法如夢幻一樣，住於現空雙運之境界；而在修持究竟之時，輪涅所攝萬法全都遠離生、滅、一、異，這就叫無相剎那加行。

四、無二剎那加行：如同假如對夢境中的外境諸現象，與能夠現見彼等現象的有境——意識進行觀察，則不能見到有什麼境與有境是異體的二相。這一切，都只不過是心性的顯現而已一樣。輪涅諸法在實相當中，也是無有能所二取，並以平等一體的方式而存在的。以最後有際的一剎那智慧，就能如理如實地按照這些特性的存在方式而現見，故稱之為「無二剎那加行」。

通達如夢中一樣外境和有境心識無二無別，一切萬法在實相中也是遠離二取、以平等方式存在，在一剎那中通達如是境界的瑜伽，稱為無二剎那加行。

其界限，僅在最後有際。

四種剎那加行的界限，都在十地相續末際。

表示果法身的四法：一、自性身：法界自性清淨，所有客塵也清淨的究竟滅諦，即是自性身的法相。

自性身就是所謂的二種清淨：一切諸法的本性——法界自性清淨，以及遠離了煩惱障和所知障客塵後的清淨，也可以說是自性本來清淨和現象離垢清淨。具備這二種清淨就是自性身。

二、報身：於所調諸眾當中，唯於菩薩前所顯現的色身，並為化身之增上緣，即是報身的法相。

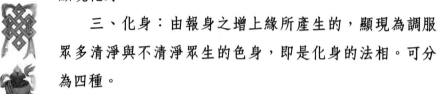

報身也叫受用圓滿身，是具有五種決定③的果位，在所化眾生——一地到十地菩薩之間顯現為五部佛的形象。它是化身的增上緣，就像有了身體才可以顯現影子一樣，有了報身才可以顯現化身，如果沒有報身就無法顯現化身。

三、化身：由報身之增上緣所產生的，顯現為調服眾多清淨與不清淨眾生的色身，即是化身的法相。可分為四種。

化身是由報身增上緣中產生。清淨眾生如文殊菩薩、彌勒菩薩可以見到化身釋迦牟尼佛，不清淨的世間凡夫如提婆達多等也能見到。化身分四種：種種化身、殊勝化身、工巧化身以及調眾化身。

四、法身：成就佛地之究竟智慧，即是法身的法相。可分為二十一種無漏法。

成就佛地的最究竟智慧叫法身，可以分為二十一種無漏法。

順便說一下事業的法相：即由法身增上緣所產生的善法功德。可分為二十七種。其界限，作者具有的部分，唯為佛地；所作之境具有的部分，則是從未入道開始就存在的。

有些講義把事業放在表示果法的四種法中，但這裡

---

③五種決定：處決定為密嚴剎土，身決定為圓滿報身，眾決定為一至十地菩薩，法決定為大乘法，時決定為恆時安住。

將事業的法相單獨宣說。從作者的角度來講，界限為佛地，因為唯有佛陀可以示現二十七種事業。

以上講了《略義》，希望大家能通達其意義。各班道友都在踴躍報名參加《現觀莊嚴論》講考，這是個好現象。由於機會難得，所以希望年輕人盡量把時間和精力用於般若方面。能對《現觀莊嚴論》瞭如指掌，那麼其他的法就簡單了。不學《現觀莊嚴論》，就會覺得《般若攝頌》、《金剛經》、《心經》等比較難懂；而學了這部論典以後，般若空性的境界或內容就容易理解了。所以，學《現觀莊嚴論》是認識佛陀二轉般若法輪的好途徑。希望大家精進！

《現觀莊嚴論總義——修行次第略說》《現觀略義講記》合刊

51

《現觀略義講記》思考題

第一課

1.請具體說明「現觀」與「中觀」之義是否相同？為什麼？

2.什麼是般若的法相？為什麼在這裡宣說「般若」？

3.為什麼資糧道與加行道都沒有真實的自性般若？

第二課

4.請闡述「教授」的分類和界限。

5.弟子聲聞道是聲聞智慧，還是菩薩智慧？

第三課

6.勝解修道分為二十七種，這是如何計算的？勝解修道可分為自利勝解、他利勝解、俱利勝解，請說明每一種勝解的界限及如是安立的理由。

7.請分析有漏修道四法的不同側面、無漏修道二法的不同側面，及有漏與無漏修道的區別。

8.遠基智與所治基智有什麼區別？

9.正等加行的第一法，為什麼要宣說加行相？

第四課

10.正等加行的十一法中，為什麼要宣說加行功德？請以喻義對應的方式說明。

11.了知「加行過失」，對我們修習加行有什麼利益？

12.請以喻義對應的方式說明，了知加行性相的利益。

13.請具體分析大乘順解脫分、大乘順抉擇分、有學不還。此三法的側面有何不同？

14.有學不還可分為哪三種？這三種行人為什麼稱為「不退轉者」？

15.頂加行的前四法側面有何不同？

16.何為加行過失？共有多少種魔業？分別可分為依靠自身、他身、自他二者任何一方的多少種？

17.請解釋生死涅槃平等加行、清淨剎土加行、方便善巧加行。並分析三法的異同之處。

18.何為應遣邪行？其界限是如何安立的？

第五課

19.請分別說明隨念戒次第加行和持戒次第加行的區別，以及隨念捨次第加行和布施次第加行的區別。

20.關於異熟剎那加行和非異熟剎那加行的區別，華智仁波切和俄巴活佛的解釋方法有何不同？

《現觀略義講記》思考題

現觀總義講記

華智仁波切　著

索達吉堪布　譯講

祈禱本師釋迦牟尼佛：

　　釀吉欽布奏旦涅咪揚　　大悲攝受具諍濁世剎

　　宗內門蘭欽波鄂嘉達　　爾後發下五百廣大願

　　巴嘎達鄂燦吐謝莫到　　讚如白蓮聞名不退轉

　　敦巴特吉堅拉夏擦漏　　恭敬頂禮本師大悲尊

祈禱上師法王如意寶：

　　涅慶日俄再愛香克思　　自大聖境五台山

　　加華頭吉新拉意拉悶　　文殊加持入心間

　　晉美彭措夏拉所瓦得　　祈禱晉美彭措足

　　共機多巴破瓦新吉羅　　證悟意傳求加持

為度化一切眾生，請大家發無上殊勝的菩提心！

《現觀莊嚴論總義——修行次第略說》《現觀略義講記》合刊

第一課

　　今天開始講華智仁波切造的《現觀莊嚴論總義——修行次第略說》。這部《總義》是《現觀莊嚴論》的大框架，是理論與竅訣相結合的總綱要；而對修行人，它同時闡述了修行此論的次第。

其實顯密一切佛法是要修持的。先從理論上了解，再到實際生活中運用，一定要這樣串習。如果光從理論上了解而不修持，就不叫佛法了。就像現在的世間知識——歷史、天文、地理，還有佛教中的個別學問，只要了解就可以了。但作為佛教徒，最關鍵的是改變相續、獲得解脫，這就需要實修。所以，華智仁波切等前譯寧瑪派的高僧大德講《入行論》、《中觀》等任何法要時，都有修法次第的引導。而這次我們學《總義》，大家不但會明白《現觀莊嚴論》的實際意義，同時也會知道，補特伽羅從凡夫到佛地依何發心來修持般若。當然你可以在各大講義中尋找喜愛的詞句，日日夜夜將精力投注在上面，但到頭來，對自己相續如何改變、如何修持所學之法義，可能還是雲裡霧裡、不知方向。

前面在《略義》中講了八事、七十義，讓我們了知了《現觀莊嚴論》總的品數和所詮。現在我們學《總義》，又可以了知修行現觀的發心與次第。為什麼要學《現觀莊嚴論》？學的目的和用途是什麼？修學時如何發心……不明確這些，即使學習多年，即使理論上精通印藏論師的說法、藏地各教派的抉擇，但在實際修持時還是有一定的困難。所以，按前譯傳承上師的竅訣，我們學習《現觀莊嚴論》先要了解如何發心與修持。

這部《修行次第》的文字不多，以前上師如意寶也傳講過，而且再三宣說了聽受和修持的功德。因此，大

家應以歡喜心和恭敬心諦聽！

頂禮佛陀！

> 通達所知三智之真如，
> 修學所修四加行之道，
> 獲取所得法身之果位，
> 印藏諸位賢哲前頂禮！

華智仁波切首先頂禮佛陀，之後以一頌對《現觀莊嚴論》的全部內容作了概括。

在見解上，印藏高僧大德們已精通所知三智——遍智、道智與基智之真如；在道位上，已圓滿修學了所修四加行——正等加行、頂加行、次第加行和剎那加行；而最終獲取了具如海功德之法身果位。學修並通達現觀的大德很多，像印度著名的聖解脫部、獅子賢等論師，以及藏地前譯派和新派的諸位大德，作者在他們面前恭敬頂禮。

三智是目標，四加行是趨入目標之道，法身是果。所以，這一頌已宣說了《現觀莊嚴論》見修行果的一切法要：三智是見，四加行是修行和行為，法身是果位。

各位有緣之補特伽羅現證究竟法身之果的無謬修持方法可分為二：

任何一個有緣修行人在現證法身果位的過程中，都需要無任何錯謬的修行方法，這可歸納為兩點：發心和加行。

全論分二：一、發心；二、加行。

甲一、發心：

首先，如果能夠了知某法，則可令菩提心在相續中如理生起的抉擇所知之法可分為三：

菩提心分勝義菩提心和世俗菩提心，世俗菩提心又分願菩提心和行菩提心。在修學過程中，如果了知某法就可令菩提心在自相續中如理生起，那這樣的所知法是什麼？就是三智。

世間的學問很多，所謂自然科學、社會科學等，但這些知識只能解決暫時人生中的個別問題。而菩提心卻能讓人完全改變，原來的具縛凡夫，依菩提心的點金劑可將有漏之身變成相好燦然的佛身。所以，此處抉擇的所知與世間知識有很大差別。儘管世間高等學府林立，可是哪裡有讓我們生生世世從輪迴大海中解脫之方法？世人傳講世間法，傳講者自己已被世間的美酒陶醉，迷迷糊糊；而所傳的知識也是凡夫分別心的臆造，所以，這些知識沒有意義。

能讓菩提心在自相續中生起的所知之法，就是《現觀莊嚴論》的所詮。依靠《現觀莊嚴論》，真正能令菩提心獲得穩固且不斷增長。下面分三個方面闡述。

（一）需要了解究竟所得之果[遍智]，如果不能通曉這一點，則不能了知願菩提心之所緣；

《現觀莊嚴論》講三智，第一品是遍智。

為什麼講遍智？我們要尋找方向從輪迴中獲得解脫，先要了解所得果是佛陀的遍智。不通曉這一點，也就失去願菩提心的所緣，因為願菩提心是緣佛果之發心。沒有所緣，發菩提心是不會成功的。比如我要出發，但不知前往何方，那就迷茫了；如果確定去拉薩，路上耽擱多長時間，終究還是會到的。同樣的道理，我們學佛的目標就是要成佛，要獲得佛陀如海般的功德與智慧，這一點要清楚！現在有些人學佛不是為了成佛，也不求智慧，只是為了治病、平安……這根本不屬於大乘佛法。大乘佛法，它的目標一定是求遍智，不求遍智也就沒有發心。所以，彌勒菩薩在《現觀莊嚴論》第一品中宣講遍智，讓修學者認清目標。

　　（二）需要了解能獲得該果的道之法相[道智]，如果不能通曉這一點，則不能了知行菩提心的修法；

　　第二品講道智。

　　為什麼要講道智？因為所求是遍智，而道智是途徑。比如去拉薩，你坐火車、坐飛機還是走路去？這些途徑一定要了解，不了解，光有想法不可能實現。同樣，希求佛的遍智必須要了解道智、經由道智，否則無法實踐行菩提心，無法真實行持菩薩道。因為雖然有願，但一步也不走，一度也不行持，永遠無法到達。所以，遍智之後要講道智，講方法。

　　華智仁波切的這部《總義》的確是竅訣，讓人看了

《現觀莊嚴論總義——修行次第略說》《現觀略義講記》合刊

之後，對《現觀莊嚴論》的道理一目了然。

（三）需要了解遠離該道之歧途的方法[基智]，如果不能通曉這一點，則既不能令勝義菩提心在相續中生起，也不能使空性與大悲雙運。

第三品的基智，講遠離道之歧途的方法。

比如去拉薩，先要了解路上有無強盜等危險，如果有但不了解，那麼雖然發了心，也啟程了，但不可能到達最終的目標。同樣，雖然發了願心，但在實踐行菩提心的過程中，沒有遣除道障和歧途，修行很可能半途而廢。

有些人可能會想：基智是人無我智慧，為什麼被當作歧途？原因是這樣的：《現觀莊嚴論》直接宣說的是菩薩基智，而現前此基智的障礙就是二乘的自私自利心，所以，聲聞緣覺不離自利心而證悟的人無我其實是片面的空性證悟，是遠離大悲心的智慧。這種遠離大悲的相似空性與遠離一切戲論的空性相去甚遠。本論間接宣說了小乘的片面智慧，但因為這一片面智慧不能使遠離一切戲論的空性與願一切眾生獲得佛果的大悲雙運，所以是希求佛果道路上的歧途。也正因為如此，本論才將基智中的遠基智、近基智與所治基智、能治基智這兩組以對比方式宣說。以對比方式宣說，我們才會知道菩薩具有何種基智，聲聞緣覺又具有何種基智；也才會知道，聲緣基智在大乘修道中是應該遣除的歧途，而菩薩

基智不是所捨。

其實做任何一件事情都是如此，首先要有目標，其次要有途徑和順緣，最後還要避免違緣。比如經營企業，一年要賺多少錢，這是目標；有什麼實力和能力，這是順緣；還要考慮經營中可能發生的違緣。同樣的道理，對於尋求佛果的修行人，本論第一品講目標——遍智，第二品講順緣——道智，第三品講違緣——基智。只要現在把三智的大框架定下來，到時候學論文，雖然內容較多，但我們還是知道它在圍繞什麼宣說，所以非常清晰。

下面講具體修法。先是發心，這個發心的修法和實修菩提心沒有差別。

因此，如果首先便能一心一意地思維：無始以來，（對我）有著養育之恩的一切老母有情都掙扎於輪迴苦海的洶湧波濤之中，飽受著形形色色的苦痛，從而對他們生起大悲之心。

我們在修持的時候，先把該做的事情處理完，之後心不散亂，以閉關或入座的方式思維：無始以來直到今日，對自己有過真實養育之恩的老母有情，仍在輪迴苦海中掙扎著、痛苦著……多麼可憐！緣此生起強烈悲心。具體修法可依照阿底峽尊者的教言：了知一切眾生當過自己的母親——知母；當母親時對自己有莫大恩德——念恩；之後要報答母恩——報恩。

以前有人說過：別人的母親可能都很好，但我的母親很壞，我怎麼也想不出母親的恩德……也許有極個別的母子，因為前世剛剛結下仇恨，所以一轉世過來彼此視如怨敵。但一般來講，不要說富貴家，就算是乞丐，母親也會把一天中討到的最好食物給孩子。去看看那些乞丐，冬天最冷的時候，她們自己穿得破破爛爛，卻不忍讓孩子受苦。其實在我們小時候，母親也付出了同樣的愛護。所以，道友們都想一想，在我們的成長過程中，母親付出了多少心血？尤其以前，那種條件下要付出，真的是付出一切。

而這種經歷也不僅僅是今世之父母，其實我們所見的任何眾生，無始以來都對我們有過養育的恩情。只不過被無明所縛，我們以肉眼不能見，甚至連心都無法想像。但按佛經所示，即使大地上的一小塊，所有眾生未在此出生的一個都沒有；在這裡我們反反覆覆死、反反覆覆生，而生者皆當有母。對這個道理生起信心，菩提心會生起來的。

如果連這個基礎都沒打好，生起次第、圓滿次第等境界就不談了，因為最基本的知母念恩不具足，任何修行不會成功。所以我們首先要緣老母有情修悲心。

（並進一步思維）：我這次一定要盡心竭力、勇猛精勤，力爭使這些老母有情都能從層出不窮的一切苦難中得到救護，並獲得大樂果位的安撫。

作為兒子，應當想辦法讓老母有情離開輪迴痛苦。輪迴有無邊痛苦，只是讓他們有吃、有穿、有一些地位，這是暫時的，解決不了大問題。世間有人經常給父母寄點錢、打個電話，認為自己很了不起，是個孝子。其實打不打電話沒什麼，買點吃的、買間房子、買輛轎車⋯⋯這些都不重要。最重要、最根本的是讓他們獲得解脫。而解脫也不是暫時的聲緣果位，一定要令其獲得圓滿正等覺果位。這是最關鍵的！

所以我們應該發心：速將老母有情安置於佛的大樂果位。

如果能夠如以上所說一樣生起大乘之法的根本——大悲心，對受苦眾生產生如同失去雙臂的母親眼見兒子被急流沖走一般急切的不可堪忍之心，則表明其大乘種性已經甦醒，並堪為該甚深妙法所調之法器。

看到可憐眾生，如果生起很想救度他們的迫切心情，像斷臂母親的孩子被水沖走，她非常著急但沒辦法一樣，說明大乘種性已經甦醒。

道友們也看看自己，能不能做到這樣？光是對父母、對親人有悲心，這不叫大悲心，叫小悲心。父母親友生病了馬上送到醫院，與自己關係好的人才去幫忙，這是一般人的做法，是貪心，而不是悲心。因為你的所為源於對親友的貪執，你的父母，你的親人，你貪執他們才有愛心，而不是出於無私的悲憫，所以不是大悲

心。真正的大悲心，凡有生命的，天底下任何一個眾生，見其在輪迴中受如是苦，你都想救護，這樣的心才稱為大悲心。當相續中自然而然生起此心，說明大乘種性已經甦醒。而大乘種性甦醒，看見苦難眾生會不由自主生悲心，任何一個眾生，即使是自己的怨敵在受苦，你也只想施以救護，這就是具有大乘善根。

按全知無垢光尊者的說法，大乘善根分廣大與甚深兩方面。廣大方面：大悲心極其強烈，看到眾生受痛苦時自然流出眼淚，唯一只想給予救護。我看有些道友確實是這樣，見到烈日下的小蟲正在痛苦掙扎，即使再重要的事也放下來救護牠。雖是暫時的救護，但大悲心已得以體現，也說明大乘種性的成熟。甚深方面：如《入中論》所說，聽到般若法門時，眼淚直流、汗毛豎立……有很多相。

如果見到可憐眾生不生悲憫，聽聞甚深空性也無絲毫感覺，而一講武打或愛情故事時眼睛大大的，那可能成熟的是壞人種性。所以，是不是大乘所化，外相上看得出來。有些人問：我有沒有出家緣分？有沒有學佛成就的緣分？其實不用問別人，只要捫心自問：當聽聞大乘空性法門，當見到眾生受痛苦，當聽到佛陀因地救度眾生的感人故事時，有沒有感覺？如果沒有一點觸動，說明你連大乘種性還未成熟。不要說修學密法，連修學顯宗《金剛經》的因緣都未到。所以，有無緣分要看自

己大悲種性是否成熟，空性智慧種性是否成熟。

當然一般來講，一旦我們真的想度化眾生，那時候也算是學佛有分了。不過這種度化，不是簡單地拔苦。前段時間媒體上有位著名的武打明星說：「我四十歲以前只為自己，白活了；四十歲以後我要搞慈善，為他眾而活。」他的想法很好，但不知是否有大悲菩提心，因為真正的大悲菩提心要緣佛果，這個條件很重要。見到可憐眾生，只是「好可憐、好可憐……離開痛苦多好」，這是一般的悲心，不是大悲心。所以我們為人拔苦與樂時要想到：暫時解決眾生的苦還不夠，一定要讓他得佛果；為讓他不再受任何苦，我一定要成佛予以拔濟。

不過有些人的修行只緣佛果，「我要成佛、我要成佛」，至於成佛的目的——利益眾生這點卻忽略了。只想往生極樂世界，一直「南無阿彌陀佛、南無阿彌陀佛」，問他為什麼要往生？「因為到那邊很快樂。」就像有些學生為什麼讀書？「為了當幹部，當幹部生活很快樂。」只是為自己，這種人生目標沒有味道；而我們學佛人若只為自己，那也沒有大乘佛法的味道。當然緣佛果的功德，如《釋尊廣傳》所說，的確不可思議，但不想利益眾生，大乘菩提心就不圓滿。

所以，我們要以悲心緣眾生，以智慧緣佛果，生起真正菩提心。

《現觀莊嚴論總義——修行次第略說》《現觀略義講記》合刊

於是，像這樣的所謂化機又會開始產生以下的心念：雖然我要成辦一切眾生的利益，但如今我自己仍處於輪迴的痛苦之中而不得解脫，甚至連出離輪迴的方法都一無所知，又怎麼能成辦他眾的利益呢？

有人又想：我煩惱深重、業力深厚，不說度化眾生，自己都「泥菩薩過河，自身難保」，對解脫毫無把握和信心，又怎麼能成辦無量眾生的利益呢？

這種能無勤成辦無邊一切眾生之利的辦法究竟是什麼呢？

但我們要想：我現在的狀態不行，但有沒有無勤的方法呢？以前法王如意寶也講過：凡夫人利益眾生有勤作，效果也有限；能在無勤作中自然利眾，效果最好。那有沒有這種方法呢？

如果真有這樣的辦法，我一定全力以赴地去努力。

看見眾生可憐，又無力救護，此時要尋求真實利眾的方法。比如有人見到貧困眾生，他想：有沒有發財的辦法？等我有了錢，一定把他們一個一個安置在富貴位置。有些大老闆最初就是這樣發心的。

如果能夠生起這樣的心念，則可以對其這樣說道：「嗟！善男子，這種辦法是絕對存在的。首先，就是為了一切眾生的利益，而以發心等等的次第現證一切種智‥‥‥[佛智或者遍智]，然後將自己曾經走過的途徑宣示於他眾，這樣一來，就可無需勤作勞頓而任運自在

地成辦無邊眾生的利益了。」

一個人真想利益眾生，也在尋求方法，此時可以告訴他：無勤利益無邊眾生的辦法絕對有，就是從《現觀莊嚴論》第一品的發心開始，之後教授、所緣、所為等次第修行，最終現證一切種智。獲得佛果以後，再將因地經歷的途徑——發心、聽受教言等宣示給有緣眾生。通過這種方式，即可任運自成、無勤作地成辦無量眾生之利益。

以前我們為自己而修行，為自己的目標活在世間，但現在我們要利益眾生。要利益眾生，就要先發心，之後經五道十地一切修行，最終像釋迦牟尼佛一樣，以二十七種事業無勤利益無邊眾生。

《現觀莊嚴論總義——修行次第略說》《現觀略義講記》合刊

第二課

下面繼續宣講《現觀莊嚴論總義——修行次第略說》。

如果對方問道：像這樣的一切種智又是怎樣的呢？

前面已經講了，欲求解脫、利益眾生者先要尋求佛的智慧——一切種智或遍智。對方問：那到底什麼是一切種智？

我們應當了知，前面所說的「自己曾經走過的途徑」，是以因法來表示果法。

一切種智的存在，從兩方面可以了知。一是曾經走過的途徑。像《釋尊廣傳》中所說，佛陀在因地時，為利益天邊無際一切眾生發了大乘菩提心，圓滿了此處所講的十法。這十法是我等大師釋迦牟尼佛為主三世諸佛所共之道，如果他們未依此成佛，投世間以正法光明，那我們仍要在黑暗中摸索，不知有解脫。而因為有這十法才有了佛的一切種智，所以我們從佛因地曾經走過的途徑——即使再微小的事也寧捨身命而不捨發心等利益眾生的行持，可以推知一切種智存在。這是以因法表示果法，因是十法，果是一切種智。

也就是說，循序漸進地修持發心等十法的究竟之果，就是所謂的「一切種智」；

這十法的安立並非無緣無故，每一法都是以佛的親身

經歷為前提，因此是成佛過程中不可缺少的十法。如果其中一法不具足，就不能示現成佛。既然由十法而能成佛，十法就可以表示一切種智。這是第一，以因法表示果法。

然後第二方面：

我們還應當了知，所謂「宣示於他眾」，則是以對境來表示有境。

對境指發心等十法，有境指一切種智，「宣示於他眾」是以佛陀所通達並宣示的發心等十法，表示佛陀具有的一切種智。

也就是說，在如理地通達了作為對境的發心等十義之後，而為他眾宣說，也是所謂的「一切種智」。

佛陀通達發心等十法的含義之後，並不像聲緣那樣趨入涅槃，而是轉三大法輪將之宣示給有緣眾生，這就是通過對境表示有境。也就是說，佛陀了知十法，也了知十法對求佛果者不可缺少並為之宣說，而以所宣說之十法，就能表示佛陀具有的一切種智。

學《現觀莊嚴論》，先從框架上把握很重要。對第一品以十法表示遍智，第二品以十一法表示道智，第三品以九法表示基智，總的沒有把握好，始終會有疑惑。但道理是有的，就像這十法，要麼從佛陀所了知的對境，要麼從佛陀所經歷之因，總之是從不同角度來表示的。

如果對方又問道：要了知一切種智，為什麼不通過一切種智自身的法相來說明，卻偏偏要以其因法以及對

《現觀莊嚴論總義——修行次第略說》《現觀略義講記》合刊

境的表示來（間接）說明呢？

　　對方又問：像萬法無常，以它的本體來說明就可以。同樣，一切種智也有它自身的本體或法相，對如是重要的法，為什麼不直接宣說其本體，偏偏要用因法或對境來間接說明？

　　如果不用（因法以及對境）二者來表示，則無法說明（一切種智本身），這就像如果要表示眼識，就只能通過「是從作為因法的眼根等等當中產生」的說法，或者通過所執著的藍色對境等等來表示。如果這二者中的任何一者都不依靠，則根本無法表示眼識一樣。

　　我們用個簡單的比喻來說明：人們通過眼根、作意和藍色布匹等對境產生眼識，這一名言的道理，學過因明的都清楚。既然眼識的因是這三者，那麼以這三者表示眼識就很容易。比如按《俱舍論》，眼根狀如胡麻花，我們說眼識依此眼根而生；或從所取的藍色，說眼識生起相同行相，這樣來了解眼識就不困難，而不這樣表示，直接說明其本體就有一定的困難。同樣的道理，佛陀一切種智的本體本來不可思議，難以了知，但通過因法或對境來表示，就容易了知。所以，這樣表示是有必要的。

　　在《總義》中，華智仁波切首先以問答方式宣講《現觀莊嚴論》的大綱，同時遣除我們相續中的疑惑。這種疑惑，對《現觀莊嚴論》稍有了解的人才有，因為提不出問題的情況，要麼是遍知要麼一無所知。而只有

第二課

在聞思上下了功夫的人，才會產生疑惑。

其實《現觀莊嚴論》在藏傳佛教中，各大派的高僧大德均以豐富的教證、理證進行辯論，內容很多。但作為初學者，太廣了沒有必要。再加上有些人也不會辯論，本來道理上就迷迷糊糊，聽了辯論反而更不清晰。所以我們主要在字面上解釋。

如果對方又提出：一切種智難道不是通達一切所知嗎？而僅僅通達這十種法，又怎麼能成為所謂的「一切種智」呢？

對方提出：對有為無為、輪迴涅槃所攝的一切萬法，一切種智於一剎那間無礙通達，如是智慧，為什麼僅以所了知發心等十法即能表示呢？

對此我們回答：佛陀遍知萬法分兩種情況，對必要的法全知和對一切所知全知，而這裡是從第一種角度來講。如《釋量論・成量品》中說：何法對眾生有必要，先通達此法。這個道理很重要。就像在世間，如果大學所學的專業對社會無用，即使再精通，畢業以後也幹不了什麼；而對個人、對社會、對人類有用的知識，你通達了才有意義。同樣，雖然佛陀通達萬法，這一點在提婆達多等的測試④之下已為世人皆知，但最重要的是，佛陀了知讓眾生從輪迴苦海中解脫的方法，而這個道理卻不

④《隨念三寶經釋・無盡吉祥妙音》云：「提婆達多各處收集碳灰，及釋迦大名從劫毗羅城逐戶索要一把大米，一一記下處所姓名，同米放入袋中，令象馱至佛前，問屬何人何處，佛陀一一回答，無不知見，決無差錯。」

為任何世間智者所通達。所以，論文中說：

此處是以「要無勤成辦他眾之利，就必須通達這十種法」作為主要之必要的角度而言的，並不是表示沒有通達其他法，

作為大乘修行人，要無勤利益無邊眾生，一定要通達這十法。而其他法，諸如世界有多少昆蟲，樹上有多少葉子，大地有多少微塵……即使不知道，對修道也沒有障礙。就像小孩迷戀紙飛機，而大人卻覺得無所謂，同樣，儘管世間人癡迷世間，但從重大意義上看，其實迷亂的世俗知識對他們毫無必要。而十法則不同，因為要無勤成辦一切眾生之利益，就必須通達。

那是否只通達十法，而不通達其他？並非如此。不像世間物理專業的只了解物理，其他方面一竅不通，也不像某些道友只精通一部論典，其他論典一概不懂，佛陀通達一切萬法。不說別的，就說藏傳佛教最著名的曆算——《時輪金剛》，其對日食、月食等描述得非常清楚，這是在科學尚未發現之前佛陀所宣說的。至今為止，學院每年都要出日曆，不需要任何現代天文儀器，僅按《時輪金剛》進行筆算，日食、月食都推測得清清楚楚。而我們也對過，與現代天文學家得出的結論相比，包括七大行星的公轉、自轉速度等數據，沒有任何差別。這就是佛陀遍智的標誌。但很可惜，人們不懂這些。

第二課

這就像如果能從遠處看見針，就必定能從近處見到刀子一樣，

其他論典也講到，遠方的毛髮如果能看得清清楚楚，近處的繩子肯定能見到。同樣，佛陀以微妙智慧完全了知解脫眾生於輪迴苦海的四諦之理，而且凡夫依佛的教言修持也決定轉有漏身為相好圓滿之佛身，有如是功德，世間知識自能輕而易舉通達。再就世間智者的觀察來看，其實科學所發現的天文地理、微觀宏觀中的許多理論，佛經中也早已開示得清清楚楚。因此，在這個世間，遍知佛陀的智慧理應成為每個眾生希求的目標。

既然能夠通達像這樣的難點[十法]，則了知除此之外的其他簡單易懂之法就是水到渠成的事情了。

既然佛已通達非常甚深之理，簡單的法就不必說了。要了解這個道理，《成量品》最有加持。學了《成量品》大家會明白，佛陀確實最偉大，他的智慧世間任何學者無法相比；更可貴的是，佛陀的深奧教言只為利益眾生。所以，只有佛的教言才是人類歷史上的真正如意寶。

但可惜的是，知道的人甚少。不說不信佛的世間人，有些寺院也只是建棟莊嚴的藏經樓，把《大藏經》放入書櫃，門鎖好，作為祈禱的對境，最多在一年的某個節日打開門看一看。對裡面到底說些什麼，並不知道。仔細算一算，漢傳佛教中經常閱讀的經典只有十幾

部，其他浩如煙海的經典就那麼擺在櫃裡，的確很可惜！

不過比較而言，藏傳佛教中翻閱《大藏經》的人要多。很多人閱藏，而在引用教證時，也是這部經、那部經，說得很清楚。人生雖然短暫，而短暫一生將佛的全部教言融入相續也很困難，但去了解一下《大藏經》，種下善根還是很有必要。如果只把一兩部經作為重點，那遠遠不夠，因為這只是一部分，而不是全部。

此時又有一些人認為：只要能通達十法，就能通達一切所知[萬法]。因為在「所緣一切法」當中，就已經攝集了一切萬法。也不一定。

有些人有點過分，他們認為通達發心等十法，就能通達一切萬法。

對此從兩方面回答：從佛陀的角度講，通達十法就能通達萬法，因為在深度方面，十法包括萬法；但從廣度方面，了知十法就了知萬法，比較困難。所以華智仁波切回答：不一定。

譬如：在修習菩薩道之時，雖然緣於諸道，並修習了一切萬法之空性等等，但僅以此理也不能徹底通達一切萬法。十法與一切萬法之間的關係也是如此。

這是以比喻說明。菩薩在修道過程中，比如說一個資糧道菩薩，他所緣的對境是所有聖道，並且修持的也是萬法皆空之理。可是這樣修，除了極利根者，是否能

完全通達一切法？不能。所以，雖然從深度上講十法可以涵蓋一切法，可是對每個人來講，通達所緣十法就能通達一切法，這不一定。

（再譬如）：在取捨善、不善與無記三法之時，即使必須了解此三法，而此三法本身也包含了一切萬法，但僅僅了知此三法，也還是不能通達一切萬法。（由此可見，僅以此理並不能通達一切萬法。）

這又是一個比喻：雖然善、不善、無記三法可以涵蓋一切法，但僅了解這三法，這是善、這是惡、那是無記，也並不能通達一切萬法。所以《中觀四百論》和《顯句論》中都講：利根者通達一法空性，可以通達一切法之空性，但這是指利根而不是所有人，如果所有人都能如此，那一切眾生都成了中觀應成派。所以，從凡夫的角度，通達十法就通達一切法的說法不合理。當然對佛陀而言，從因、從對境都能說明，通達十法就可以表示通達一切法。

之後，這些具緣之補特伽羅又會作如下思維：

個別人對佛法未深入了解，人身難得、壽命無常、輪迴痛苦、皈依和發心也沒有修過，直接來聽《現觀莊嚴論》恐怕不相應，不一定是「具緣者」。因為本論講大乘菩提的現證次第，講佛陀和菩薩的功德，這些道理，沒有佛教基礎的人很難理解。就好比一個世間人，我們講佛陀，他心目中會認為：「我的語文老師很有智

慧，釋迦牟尼佛跟他差不多吧！」或者：「我們公司的董事長很有錢，佛陀不一定有那麼多錢吧！」把佛陀跟語文老師或董事長等相提並論，這說明學《現觀莊嚴論》的因緣還不成熟。

因此，作為大乘修行人，先要完成基本的聞思修行，生起強烈的利益眾生之心。有了利他心以後，再進一步想：我一定要利益眾生，但這種能力從哪裡來？唯有得遍智佛果；那佛果有什麼功德？能在一剎那中度化無量眾生；那我該如何以佛法利益眾生……能這樣思維，有了這些基礎，聽任何法門都會有利益。否則，未皈依佛門或者為世間法而皈依的人聽《現觀莊嚴論》可能會頭痛，不但無益，還會適得其反。有這種危險性。

以世間的次第來看，《現觀莊嚴論》相當於博士的課程。你中學、小學甚至幼兒園都未讀過，現在只不過以偶爾的因緣值遇了博士的課程，雖然願望很好：我應該得一頂博士帽……可是你的基礎太差了，沒有基礎，內心是一片空白，不會有什麼感覺。說利益眾生，在你看來「是不是幫助乞丐？」說獲得佛果，你又認為「是不是獲得局長的果位？」這樣一種認識和理念，《現觀莊嚴論》的確學不下去。即使聽了法，也不會有大的利益，只不過從耳邊種個善根而已。因此，作為《中論》、《現觀》等法門的「具緣者」，一定要先精通佛教基本道理，具足正見。否則連前世後世都不承認，一

本正經地聽《現觀莊嚴論》，也只是形象而已。

下面，有緣補特伽羅又會思維：

無論如何，我必須獲得這樣的一切種智。

在整個世間，佛陀的智慧確實太微妙、太殊勝，所以我一定要獲得。這種希求心非常重要。如果對佛果抱著得也可、不得也可之心，始終處在迷迷糊糊的狀態中，就不算是有緣者。所以，在修學佛法的過程中，要讓自己生起這樣的心：眾生可憐，我一定要救護他們；而要給予真實救護，一定要先成佛，之後才能廣度；所以，對我來講什麼都不重要，唯有獲得佛果最重要。心裡有了這種迫切願望，說明大乘種性已經成熟，已堪為《現觀莊嚴論》的所化。

這種緣果法——遍智的發心就叫願菩提心。就像一個商人，他特別想發財，當聽到一筆好生意時就無法入睡。前兩天學院招標水利工程，有幾個老闆兩三天不吃不喝，也睡不著覺，一直在競爭。他們都想接這個工程，為什麼？因為利益很大。修行的道理也是一樣，你想利益眾生，就要先對果法生起歡喜和希求，因為只有佛陀才能對眾生施以真實救度。而正是為了讓我們生起願心，對果法生起歡喜，所以本論第一品先宣說遍智。

為了能獲得這樣的一切種智，我應當修學什麼樣的道呢？此時，他們又進一步意識到，因為果法跟隨著因法，所以就必須修學順應果法之道，由此可知，我務必

要為眾生之利而努力。但眾生的種性和意樂卻是千差萬別的，所以僅僅以一種道就不能攝受（所有的眾生），而應當在以通達和得見而現證一切三乘之道以後，再為他眾宣說。既然如此，就需要修學智慧與利益他眾之心。

我們進一步要想，遍智果法不可能無緣現前，不會從天上掉下來、從地裡長出來，一定與因的修學有關。也就是說，要在漫長的時日中，發起菩提心之後積累二資糧，最後才能獲得。既然必須修學這種因法，那以什麼方式而修呢？唯一的途徑，就是在利益眾生之心的推動下修學。而眾生的意樂、根基又千差萬別，所以僅通達聲聞道、緣覺道，或者只學點物理、化學、外語，能不能度化所有眾生？肯定不行。所以要通達菩薩的圓滿道智。

現在有些法師和居士只提倡一種法門，對個別眾生來講，這也很好。但要度化所有眾生並讓他成佛，就必須以很多法門來引導。以一個法門解決所有問題是不現實的，否則佛陀也不必傳八萬四千法門，只要一句「嗡瑪呢巴美吽」就可以了，但實際並非如此。所以，我們修學大乘佛法，一定要獲得菩薩的道智，通達聲聞、緣覺、菩薩三道。如果沒有這種智慧和利他心，就會墮入聲聞緣覺的境界。

第二品的重要性大家會清楚：為了果法遍智，一定

要修學道智。

以這些心念，則可成為令其相續中生起行菩提心之因。

遍智是願菩提心生起之因，道智是所化眾生相續生起行菩提心之因。行菩提心緣因法而生，但也是在不離緣果法的情況下，進一步緣因法而發心。如果放棄因只希求果，這是不現實的。就像農民想獲得豐收，可是不努力耕耘，天天睡懶覺，能不能得果？不可能。所以，大乘修行人一定要修持大乘的道。如果口頭上「為利一切眾生，我要獲得圓滿正等覺果位」，而行為上天天睡懶覺，能不能現前佛果？也不可能。

第三課

前面講了所希求的果是遍智，遍智是以道智為因而得，二者分別為願菩提心和行菩提心的對境。

其後，他們又會繼續思維：雖然為了達到這個目標，我要修學一切三乘之道，但我自己卻只能將究竟之大乘作為追尋目標，並通過如理了達高低之道的差別，從而避免誤入低劣之道。

修學大乘佛法者都有兩大目標：一是獲得佛果，一是利益眾生，而它們的關係是，要利益眾生必須獲得佛果。學大乘佛法不能離此目標，這也就是我們經常講的：以大悲緣眾生，以智慧緣佛果。

有些大德說：發心後不知護持，容易捨眾生，也容易捨佛果。

什麼是捨棄眾生？本來，在諸佛菩薩前我們已發願利益天邊無際一切眾生，但在修行中遇到可恨的對境——殺父仇敵或有種種矛盾的怨敵，此時你發願殺掉他，或者永遠也不行饒益，心生如是惡念，願菩提心當下失壞。比如用繩索緊束的很多木棒，只要抽出一根，其他的也就鬆了，不再是原來的狀態。同樣，儘管未捨三界其他眾生，但只要對一個眾生生嗔恨而捨棄，願菩提心已經毀壞，因為已經不再是利益一切眾生的心了。所以，作為大乘修行人，發了菩提心就不能捨棄任何眾

生。如果與別人吵架、打架，未過夜前一定要懺悔以恢復戒體。

怎麼算捨棄佛果？未登一地的凡夫行者，包括資糧道、加行道，很容易生起退心：「得佛果太難！你看佛陀在因地漫長時日中布施頭目腦髓，以無邊苦行利益無量眾生，最終才獲得佛果，而像我這樣的人根本無法承辦，不如求聲聞緣覺或世間仙人果位吧……」內心生起這種拋棄佛果的念頭，就是捨棄佛果。這也是捨菩提心。

所以，我們要經常觀察自相續：有沒有捨棄眾生？有沒有捨棄佛果？未捨此二者，即使沒有總是在想「我要度眾生！我要度眾生」，而只有一次在上師或三寶所依前發過「我從現在開始為利一切眾生而求無上佛果，乃至成佛之後亦不捨眾生」的願，也成了菩薩。而只要未生起可怕的違品——我再也不度眾生、再也不求佛果，就沒有違犯菩薩根本戒。

有了求遍智佛果、度無量眾生的目標，就必須修學聲聞、緣覺、菩薩之三乘道。修學三乘道，但我自己並不希求聲緣果位，唯一希求大乘的目標。而正是為了得到此境界，才必須如實了知道與道的差別：何為聲緣的人無我？何為菩薩的法無我？乃至遍智佛果如何無勤利益眾生……了達了道的高低、差別，就不會墮入希求自利涅槃安樂的聲緣道，更不會墮入只求現世吃穿或後世

快樂的凡夫道，而會捨棄這些低劣之道。

如此思維之後，就在不離大悲方便的境界中，以遠離對蘊、界、處的三十二種增益而修持真如法性之義。這樣一來，在其相續生起勝義菩提心也就是指日可待的事情了。

此處主要講基智。了知三乘差別後，在不離大悲方便的境界中，遣除對蘊、界、處的三十二種增益，修持大悲空性雙運的大乘道。這樣修持下去，勝義菩提心很容易生起。

遍智是願心所緣，道智是行心所緣，而基智主要講修學大乘的違品，也就是生起勝義菩提心的障礙。所以，在修行菩薩智慧的過程中，希求聲緣的自利心是一種歧途，應當放棄，而希求不住二邊的智慧，這就是基智。所捨基智是所應拋棄的歧途，而菩薩基智主要是從菩薩證悟的人無我角度安立。

由此可見，三智也依次是先後的因果關係。

所求的目標——遍智是果；所依靠的道智為因；而獲得道智，唯有遣除其違品——基智，這就是三智之間的因果關係。

在通過聞思來了知（三智）以及將其作為發心對境的時候，因為首先應當對所獲得的究竟之果產生希求的緣故，所以首先宣講了遍智。

在以聞思了知三智並將其作為發心對境的過程中，

因先要對遍智佛果生希求心，所以先講遍智。先遍智、再道智、再基智，這就是前三品的次第，也是一種因果：先講目標、再講順緣和逆緣。

而從與補特伽羅相續次第生起的修持相結合的角度而言，則因為首先是令自相續現證一切萬法無我[基智]，在相續中生起超勝於（小乘）劣道的不共大悲之心[道智]，繼而以針對三種種性的所調化者分別應機施教的方式來圓滿、成熟和修煉，從而現前一切種智[遍智]之果位的，所以就要與該次第相結合。

這是從修行人相續中生起的角度來抉擇。就如《中觀莊嚴論釋》所謂先證空性後生菩提心、先生菩提心後證空性有不同根基一樣，三智的生起，利根者雖有同時現前的情況，但此處從鈍根者次第生起的角度，首先在自相續生起一切萬法無我的基智；接著又生起超越聲聞緣覺的菩薩道智；有了菩薩道智，對聲聞、緣覺、菩薩三種不同種性應機施教，以此來圓滿、成熟和修煉，最後現前遍智果位。

前面的次第，先講目標，再講為了目標修道智、遣除基智，是這樣一種因果次第。而這裡從相續中生起三智的角度來講，先基智、再道智、最後遍智，與頂禮句⑤說三智的次第一致。

《現觀莊嚴論總義——修行次第略說》《現觀略義講記》合刊

---

⑤求寂聲聞由遍智，引導令趣最寂滅，諸樂饒益眾生者，道智令成世間利。諸佛由具種相智，宣此種種眾相法，具為聲聞菩薩佛，四聖眾母我敬禮。

印藏大德們對《現觀莊嚴論》的辯論很激烈，甚至一個字也會辯幾天。而這次講解是結合修行次第簡單解釋，似乎無有可辯之處，所以應該好懂。如果結合教證理證的辯論，可能很多人會雲裡霧裡。所以，以後因緣成熟時，我們再深入研究各派的不同觀點。

（而在《現觀莊嚴論》第三品三智宣講完畢的）結尾處所說的「如是此及此，又此三段文，當知即顯示，此三品圓滿」也是先對基智進行歸納的。

這是華智仁波切的觀點：頌詞前三個「此」，第一個指基智，第二個指道智，第三個指遍智，以前三品結尾這一頌說明這三品的文字已圓滿顯示三智。《般若八千頌釋》的解釋也是如此；但《般若二萬頌釋》中說：第一個「此」是遍智，第二個是道智，第三個是基智；而全知麥彭仁波切和哦巴活佛的解釋也不同⑥，所以，大家可以從不同角度觀察。

實際上，智者們的觀點都有道理。基智在先，說明相續中先生基智，再起道智、遍智；而先講遍智，則是先確定目標，之後分析實現目標的順緣和違品。所以，兩者不會有矛盾。

為了無誤地以聞思來抉擇這三者[三智]的法相，並進而以其為發心對境，當以六種現觀來總攝時，就稱之為

---

⑥哦巴活佛對此頌的解釋與華智仁波切相同，而全知麥彭仁波切的解釋與《般若二萬頌釋》一致。

「法相」；當以三種現觀來總攝時，就稱之為「三種對境」。

對遍智、道智、基智，當我們以無誤聞思來抉擇時，以其為發心對境又可安立兩種不同名稱——法相和對境。

《現觀莊嚴論》以八現觀、六現觀、三現觀都可歸攝。喜歡廣的講八現觀：三智、四加行和法身。喜歡不廣不略的講六現觀：三智合為一「相」，再加四加行和法身。如本論倒數第二頌云：「相及彼加行⋯⋯」[7]其中的「相」指法相，也就是三智作為發心對境的一個名稱。喜歡略的對他講三現觀：三智合為一「境」，四加行合為一，再加法身。如本論最後一頌云：「初境有三種⋯⋯」[8]就是把三智稱為對境，這是第二個名稱。

其實說對境、說法相都有道理。就像遍智，或以因法表示，或以對境表示；而三智作為發心對境，或以法相表示，或以對境表示，都不矛盾。

也就是說，當以聞思來抉擇諸法時，無論是以對境表示有境，還是以有境表示對境，這一切都只不過是一切種智所量之法。

一切種智所衡量的法，有些用對境表示，有些用有境表示，下面以教證說明。

---

⑦相及彼加行，彼極彼漸次，彼竟彼異熟，餘六種略義。
⑧初境有三種，因四加行性，法身事業果，餘三種略表。

《現觀莊嚴論總義——修行次第略說》《現觀略義講記》合刊

如云：「此等法亦為遍智之對境，非但如此，（彼等）亦為諸大菩薩道智之對境；此外，彼等非但為前二者[遍智與道智]之對境，亦為聲聞與緣覺基智之對境。」能夠通達這一點，就能夠斷除對輪、涅、道三者所攝的一切萬法之法相的增益。

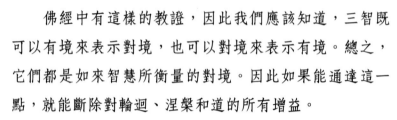

佛經中有這樣的教證，因此我們應該知道，三智既可以有境來表示對境，也可以對境來表示有境。總之，它們都是如來智慧所衡量的對境。因此如果能通達這一點，就能斷除對輪迴、涅槃和道的所有增益。

當以其作為發心對境時，則僅僅是以對境來表示有境，所以，在了知某種對境以及相應之理以後，若思維並發誓要在自己的相續中生起三乘以及四種補特伽羅的一切證悟境界，就可以成為真正的大乘發心。

以三智為發心對境是以對境表示有境，了知對境及發心等道理後，發心者想：發心對成佛如是重要，所以，為利眾生我發願成佛，而要利益無邊眾生，自相續必須通達三乘和四種補特伽羅——聲聞、緣覺、菩薩、佛陀的境界。發了這樣的心，才是真正的大乘發心，否則就不算大乘修行人。

各位道友都發過菩提心，但對照上面的道理看一看：你的發心是否僅為自己快樂？如果是為了眾生，那也看一看：為度眾生你是否發願精通所有三乘之道？如果是這樣，那你是否想得佛果？因為只有獲得佛果，才

會圓滿四聖者的所有證悟境界，而以此也才能真正利益一切眾生。否則就無法給眾生帶來真實利益。比如，如果我想幫助所有色達縣人，就要有最高權力，成為色達縣最高領導，只當局長、科長，就沒有管理整個色達的權力。所以，要對這裡的安定和發展全面管理，就要有最高地位。同樣的道理，如果我要救度三界輪迴所有眾生，一定要獲得佛果，因為聲聞的能力有限，菩薩的能力也有限，而世間非聖者果位更不用說了，最多只是提供部分、暫時的幫助而已。

因此在修學的過程中，雖然學修多年，但我覺得很多人的發心恐怕錯了。以前有個人修了幾個月房子，最後一看，地基沒打好，不得不拆掉重蓋。所以，儘管學佛多年，但如果基礎不牢，也只能重來。有些人口口聲聲「修大乘、得大成就……」其實他的相續中沒有大乘發心，不要說大乘發心，從世間求解脫的心都沒有。所以，我們的發心純不純，要對照著反覆觀察。什麼時候，當我們日日夜夜為度眾生希求佛果時，說明已生起純正的菩提心。

正如《經莊嚴論》中所云：「乘與智遍行，智者方具備。」[9]也就是說，首先承許乘遍行與智遍行之義，就是最殊勝的承許。

---

⑨《經莊嚴論》第三品曰：「眾生遍乘遍，智遍寂滅遍，是名智慧者，四種一切遍。」

乘遍行，是精通小乘、大乘一切乘；智遍行，是具足聲聞、緣覺、菩薩以及佛的智慧，欲利益眾生者，一定要圓滿具足這些。不圓滿具足，就無法利益一切眾生，因為如果是聲聞，他不能救度菩薩；是菩薩，也無法救度所有眾生；而凡夫，他自顧無暇，如何救人？

所以我們要反覆地問自己：我到底想不想得佛果？有些人迷迷糊糊，有頓飯吃就可以，之外什麼都不想。這就是沒有理想的人，世間當中也是最糟糕的人。什麼理想都沒有，當一天和尚撞一天鐘，一天天就這麼過了……所以，我們一定要發大願。

當此三者[三智]與發心相結合的時候，如同前面所說，則必定是願菩提心、行菩提心以及勝義菩提心三者之因，

三智是三發心之因。當有了希求佛果之心，就是緣遍智生起願菩提心；而要行持菩薩道，也就會緣道智生起行菩提心；在遣除低劣道之後，以精進會生起勝義菩提心。

或者是希求、意樂以及殊勝意樂三者之因，因為依照次第首先會生起對所獲遍智的希求之情，然後依靠作為其因法的道智而生起利他的嚮往之意樂，並修學斷除劣道歧途從而不住於二邊之理，因這種心念遠離自利之心而極為殊勝，所以是殊勝意樂。

所謂希求，就是對遍智的希求心，就像一個人希求

財富或目標之心；而依靠遍智之因——道智，可以生起利益眾生的意樂；大乘菩薩的修行雖不執三有，但自私自利心最可怕，而以遠離自利心不住輪涅二邊，才成為殊勝意樂。所以，有些竅訣書把修學過程中的自利心叫屬魔。其實屬魔也只能竊人壽命、飲食，而自利心卻恆時障礙我們修成菩提正果，所以對大乘行人來說，最可怕的是自利心。

簡單講，依遍智引發希求，依道智生起利他意樂，而依基智產生遠離自利心不住二邊的殊勝意樂。所以，所有大乘竅訣源於三智。平時我們放生、念經，做任何善法時，是否圍繞這幾個要點？世人讀書，目的是一種美好生活，為此他尋求好工作，維護自己的家庭。而作為修行人，我們要經常思維：我是否希求佛果？我是否有利益眾生的意樂？我能否遣除自利違品？這些都是關鍵問題！

以這樣的次第，就可以趨入加行發心等等了。了知這一點，是輕而易舉的。

了知了上面的道理，就可以趨入發心以及下面四加行等法，這一點容易了解。

我們是大乘修行人，要有大乘目標，但很多人不清楚這一點。出家人、在家人，他們為自己修學，而實際修的也是小乘以下的法。也就是說，其實很多人在修人天乘，聲聞行者都很少，因為聲聞乘有無偽的出離心，

視三界輪迴如火宅。而修大乘的人還貪執輪迴，自利心強烈，怎麼會尋求佛果？怎麼會以利益眾生為要事？我們可以去問一問：「你修什麼法？」「我身體不太好，所以我念佛。」「你為什麼念佛？」「我想往生極樂世界。」「你為什麼要往生？」「因為極樂世界沒有痛苦、很快樂……家裡人老跟我吵架，心裡煩，所以我一定要往生……」這樣的心是不是大乘？大家應該觀察。

第三課

第四課

此三者[三智]也可以與《寶性論釋》中所說的三寶在自相續中成就的方式相對應：首先，以一切種智就可以表示佛的智慧，如云：「薄伽梵現證一切法」；其次，以道智就可以表示一切三乘之道，如云：「善轉法輪」；第三，以基智就可以表示上下各乘所證之差別，如云：「為無量弟眾智者所圍繞」，只是在說法上有所不同而已。

前面講了以三智引起發心，以及三智在相續中生起的次第，現在講三智如何與佛寶、法寶、僧寶在自相續中成就的方式對應。首先講遍智，遍智表示佛寶，如經中說：「薄伽梵現證一切法。」其次講道智，道智可以表示三乘——聲聞、緣覺、菩薩之道，如經中說：「善轉法輪。」佛陀轉法輪，令菩薩證悟法寶。最後講基智，基智講了大乘境界，也講了小乘境界，所以能表示上下乘補特伽羅所證差別，如經中說：「為無量弟眾智者所圍繞。」佛陀為無量菩薩、聲聞、緣覺聖者所圍繞，圍繞者就是僧寶。

這些說法實際上一致，三智也就是三寶。因此作者最初頂禮三智之源——般若佛母時，也就間接頂禮了三寶。

---

⑩在漢文版《寶性論釋》中未找到完全一致之文句，只有《寶性論釋》中節選自《陀羅尼自在王經》的「薄伽梵平等證一切法。善轉法輪。善能教化調伏無量諸弟子眾」的內容與此處的三句較為相近。

此時，因為以經書的正文而直接宣說了基智是不住於二邊的對治基智，所以就能間接證達墮於任何邊的違品基智。除此之外，並沒有直接宣說聲聞緣覺的證悟境界，

這裡講基智。《般若經》正文中直接宣說的是菩薩基智，也叫對治基智，是菩薩相續中證悟無我的空性境界。以菩薩基智不住二邊，所以對墮入任何邊的違品——所治基智能間接證達。所謂所治基智，即聲緣相續中的實執增益及自利作意。

在基智問題上，各大論師的辯論較大。有些論師認為：《現觀莊嚴論》說基智，其直接意義是指所治基智。但華智仁波切自宗認為：《般若經》與《現觀莊嚴論》的直接意義是菩薩基智，而非聲緣基智，聲緣基智是間接宣說的。因為這畢竟是大乘經論，不可能直接宣說聲緣的證悟境界，就像小乘《俱舍論》不可能直接講大乘法無我與所斷之所知障一樣。

如（本論）云：「非餘所能領。」

意思是說：本論所詮般若不是外道、聲聞緣覺等人所能領受。因此，聲緣基智是本論的間接所詮，而非直接所詮。

因此，在這裡既將基智宣說為（所斷之）歧途，又將其宣說為令自相續產生道智之方便，還將其宣說為生起勝義菩提心因法的詞句，雖然存在著令淺慧之人產生

稍許懷疑的可能，但是，如果能通過斷除與其義相違的歧途諸邊，而令相續中真正生起遠離增損的對治基智，則既是大乘之道智，也是勝義菩提心，所以，（這些說法之間實際上）並不相違。同時還精通了聲緣之道，所以，（這些說法之間實際上）並不相違。

對於基智，本論有時說是歧途，有時說是產生道智的方便，有時又說是生起勝義菩提心之因，智慧淺薄者可能生疑：它到底是所取還是所捨？如果是產生道智的方便、生起勝義菩提心之因，則不應為歧途；如果是歧途，又怎麼是產生道智的方便、生起勝義菩提心之因？

前面說了，本論直接宣說的是菩薩基智。而與菩薩基智相違的歧途是所治基智，也就是聲緣相續中的增損及自利心，遠離這些增損等違品，就能生起菩薩的對治基智。由斷除自利心，才產生了道智的利他意樂；而由對治實執增損一切戲論，才成就了勝義菩提心，所以說菩薩基智是道智及勝義菩提心之因。而在生起它的同時，也精通了聲緣道。

這些說法，智慧淺薄者分析不清、易生懷疑，但只要善加辨別，也不會有任何矛盾。

另外，在闡述道智時所宣說的聲緣之道，是為了攝受聲緣種性的補特伽羅，令其自相續產生與大乘之道不相違背的小乘人無我之義的證悟境界，從而為他眾宣說；

第二品闡述道智時也講了聲聞緣覺之道，這並不是《現觀莊嚴論》自宗的境界，而是為了攝受聲緣種性的補特伽羅。因為沒有聲緣智慧，則無法攝受他們。就像小學老師一定有小學生的水平，中學老師一定有中學生的水平，所以作為菩薩，自然要通達聲緣境界。了解了聲緣道，菩薩也可以證悟與大乘道不相違的人無我境界，並以此為他眾宣說。

至於所治基智，則是指與大乘道相違的，劣乘者相續中的實執增益，以及自利寂滅的部分等等，所以其二者也沒有重複之嫌。

聲聞緣覺對蘊等萬法還有實執增益，不願度眾生只求自利寂滅，這與大乘道相違，為菩薩所捨棄，所以叫所治基智。而這兩者——聲緣道與所治基智並不重複，因為所取、所捨角度不同。

《現觀莊嚴論》講三智，頂禮句講、前三品講、四加行時也講；《般若經》宣說無色受想行識，前面講、後面也講……但這些並不重複，因為在不同階段，講的目的、必要都不同。也像《入菩薩行論》講平息世間八法，《安忍品》講、《智慧品》也講，一個是世俗角度，一個是勝義角度，也不重複。所以，對這些道理要善加辨別，而學習正論時，這一點尤為重要。

當此三者[三智]與後面的五種現觀相結合的時候，正等加行與頂加行二者主要是基智加行；次第加行與剎那加

行則（主要）是道智加行；至於果法身，則純粹是遍智。

這裡講基智、道智、遍智與後面五現觀——四加行、法身對應。

正等加行和頂加行主要是基智加行，也就是說，它們包括於基智。因為這二者主要抉擇入定智慧，而基智也是抉擇遠離一切戲論的入定智慧，所以可以對應。次第加行和剎那加行主要是道智加行。菩薩先依道智趣入利他，在前面的基礎上，以六波羅蜜多等十三法攝持，次第修持一百七十三相；到了剎那加行時已達最高標準，一剎那間可以現前一切相，由對證悟境界運用自如，可在眾生面前顯現各種事業。所以，次第加行和剎那加行只在階段上分開。而菩薩道智入定時遠離一切戲論，出定時以六度萬行利益無量無邊眾生，與次第加行和剎那加行完全相同，所以說二者可以對應。法身果位即是遍智，因為遍智是所求目標，而修持四加行最後所得的果，就是法身。

所以，三智可以攝持五現觀。

由此可知，除了發心與加行的差別之外，八種現觀都可以攝集於三智之內。

由上述道理可知，三智可以引起三種發心，五現觀是加行，除了這個差別之外，八現觀都可攝於三智。

而從三智的本體來看，若於不同補特伽羅相續中具有，則完全不同：基智是聲聞緣覺相續中的智慧，道智

是菩薩相續中的智慧，遍智是佛陀相續中的智慧。從這個角度來講，遍智不是道智、基智，因為佛陀的智慧勝於菩薩和聲聞，就像老師的智慧勝於學生一樣。而正因為勝出，菩薩、聲緣的智慧又可以包括在佛陀的智慧裡，就像學生的智慧可以包括在老師的智慧裡一樣。所以，從不同的相續來看，三智不是一體。而從一個人的相續來看，後後智慧包含了前前。比如一個人先證得聲緣果位，此時具有人無我智慧——基智，在此基礎上獲得菩薩智慧——道智，最後獲得佛陀果位——遍智。

因為在頂禮句中也宣說了三智，所以實際上在頂禮句中已經涵攝了全論所有的內容。

上等作者造論時，他先以頂禮偈包括全論內容。本論的頂禮偈即是如此，彌勒菩薩先頂禮四聖之源的三智，而三智已包含四加行和法身，所以這個頂禮偈——藏文是較長的四句一偈，法尊法師譯漢文時作成八句兩偈，已經包括了《現觀莊嚴論》的全部內容。

因此，我們聞思《現觀莊嚴論》，只要通達所知三智，也就通達了一切所修。

此處將四加行與三智二者相結合所宣說的「主要」的含義，是從重要的角度而言的，這樣相結合而進行宣說，可以對與道相結合、次第順序以及通達攝受有利，卻並不是普遍通行的，比如，在論述正等加行時，就宣說了三智加行。

第四課

上面說三智可涵攝四加行及法身，即基智包括正等加行和頂加行，道智包括次第加行和剎那加行，遍智包括法身，這是從主要的角度而言，並非普遍和絕對。這樣宣說，對於與道相結合、次第順序以及統攝理解等，幾個方面都有幫助。所謂與道相結合，比如一個人的相續中先生起基智，這與先修正等加行對應；所謂次第順序，也就是基智、道智、遍智這一順序，與正等加行、頂加行、次第加行、剎那加行這一順序對應；而三智與四加行的結合宣說，也就有利於其內容上的涵攝。可見，聖者的語言有很多甚深道理。

　　那是否只能如是對應而不包括其餘呢？也不是。比如前面說正等加行包括於基智中，但正等加行也講了其餘二智，既然也講了道智和遍智，就說明「三智與五種現觀相結合」，只是從主要的角度來講的。

　　以前有些道友學《現觀莊嚴論》就總是搞不清楚：同樣的道理，為什麼在這裡提一次，那裡又提一次？他們不明白，其實這是不同角度的安立。比如三智或十六行相，這些在《現觀莊嚴論》的前前後後經常提到，但每次提到，其側重點並不相同，所以是有必要的，而不會有重複的過失。

聖者宣說智者闡釋義，

以三妙智妥善而抉擇。

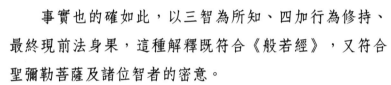

如是三智所攝之此義，

豈非難以他法而演說？

　　對於三智，印藏高僧大德的解釋方法很多。而華智仁波切說：對聖彌勒菩薩所說《現觀莊嚴論》的究竟密意，以及印度獅子賢菩薩、解脫部論師、藏地宗喀巴大師等諸智者所闡釋之義，我以聞思修三種勝妙智慧妥善予以了抉擇。而三智所攝之義也應該如是解釋，因為其他解釋很難過關。

　　事實也的確如此，以三智為所知、四加行為修持、最終現前法身果，這種解釋既符合《般若經》，又符合聖彌勒菩薩及諸位智者的密意。

第四課

第五課

甲二（大乘道之加行）可分為二：一、證悟自在之正等加行；二、證悟穩固之次第加行。

乙一、證悟自在之正等加行：

所謂「證悟自在」的含義，是指雖然通達了以前面的三智所表達的，作為所知的一切萬法之法相，並將三乘的所有證悟境界作為發願對境，但卻沒有自在地獲得稍許的證悟功德。

雖然已經抉擇了以前面三智所表達的、作為所知一切萬法的法相，並將聲聞緣覺、菩薩、佛三乘所有證悟作為發願對境，可是尚未得到稍許三智之證悟功德。這裡是說，最初只以聞思方式了知三智，並有了發心。

這就如同某個窮困的奴僕即使可以對某個財主的所有財產瞭如指掌並清點盤查得一清二楚，但自己卻無權控制哪怕縫衣針之類的一分一文的財產一樣。

比喻講得很清楚，僕人對富人的財產再了解，也沒有一點點享用的權利。就像在藏地，有的主人擁有兩三百頭犛牛，僕人把數字算得很清楚，甚至熟知每一頭犛牛，但沒有任何權利。同樣的道理，聞思過程中即使你對色、聲、香、味等一切萬法的法相瞭如指掌，對其作用、果、本體也一清二楚，但沒有實地修持，改變自相續很困難。而即便是人身難得，光是聞思不去修，也不行。

《現觀莊嚴論總義——修行次第略說》《現觀略義講記》合刊

所以，只是對三智進行聞思並作為發願對境，雖然抉擇得很清楚，但對相續還沒有大的作用。因為聞思其實離不開修行，僅聞思而不修行，那就像僕人算主人財物一樣，無法真正調伏煩惱。

因此，首先從無常之相入手，直至最後的佛相，都以二諦雙運的方式進行修習，令尚未生起的證悟生起，就是所謂的「證悟自在」。

那該如何修持呢？我們先從無常相入手，一切萬法無常、一切有漏法皆苦、一切法無我……直到佛相之間，對這一百七十三相都以二諦雙運的方式修持。在勝義中，無常、痛苦等一切了不可得，安住遠離戲論的境界。凡夫不能真實修勝義諦，但可以將其作為發願對境來修；或者以《中論》等的理證觀察：在勝義中，雜染清淨、凡夫佛陀都了不可得，以有緣或總相方式修持。在世俗中，有些相能直接領受，如萬法無常、有漏皆苦等，可以修持；而有些則無法直接體會，如佛陀身口意不可思議的如海功德，菩薩的三十七道品等，所以只能作為發願對境，就像小學生把博士課程作為發願對境一樣。

通過修行，自相續中未生起的證悟可以生起。以前只是理論上了解萬法無常，現在通過觀修已經真正通達了，這就是證悟自在的正等加行。它所修的對境是一百七十三相，修行方式為二十種加行，可歸納為無住加行和無行加行，分別以不緣所取和能取的方式來修持。

第五課

所謂「證悟穩固」的含義，是指將以前在自相續中所產生的一切修習[證悟]前後相聯而令它依次現前，依靠聞思令尚未產生（的證悟）依次現前，並逐漸純熟。為了（各種證悟）能夠在相續中產生，而以猛厲發願、精勤修持的方式，使以前在相續中產生的所有證悟嫻熟精純，就是所謂的「證悟穩固」。

　　證悟穩固是指次第加行。在之前的修行中，修無常、痛苦、無我等相沒有次第，不斷修習以後才可以次第現前。比如正等加行時，修無常，再再修無常，修空性，再再修空性，沒有總的次第性和連貫性；而修次第加行時，以布施、持戒、安忍等攝持諸相而次第修持，以前未證悟的可以現前，已證悟的得以穩固。這就是證悟穩固的次第加行。

　　為說明正等加行與次第加行的關係，華智仁波切用了一個很好的比喻。

　　打一個比方，幼童在學習文字的時候，首先要依靠逐字拼讀「ㄍ（嘎）、ㄎ（卡）」等字根的方式來學習每一個字母，這就相當於正等加行。

　　比如有些孩童學藏文，他先「嘎、卡、噶……」分開學每一個字，這叫嘎，這叫卡，一個一個拼讀。同樣，修正等加行時，一百七十三相的每一相——無常、痛苦……都分別修持。比如修地獄痛苦，痛苦的本體是什麼，壽量如何，苦受程度如何……相當於單學一個嘎

《現觀莊嚴論總義——修行次第略說》《現觀略義講記》合刊

字，修持過程中沒有連貫性和次第性，只對一法修習精通，這就是正等加行。

所以在我們平時的修行中，你單獨觀修人身難得、壽命無常、布施、禪定或上師瑜伽，其實屬於正等加行的修法。從比喻上，相當於藏文的逐字拼讀，或者學漢語拼音的b、p、m、f。

然後，將前面所學會的眾多元音字母與輔音字母串連起來，學習拼讀⑪諸如「སངས་རྒྱས（桑吉）[佛陀]」之類的詞語，

「桑吉」是藏文的詞，「桑」由三個字母組成，「吉」由四個字母組成，就像漢語的「杭」（hang）字，也由幾個拼音字母組成。分開的字母串連後，可於同一時間發出「桑」音。

這種以串習而令其嫻熟練達的過程，就相當於次第加行。

就像這樣的熟練狀態，修次第加行時，布施波羅蜜多中圓滿六度的同時，可以攝持諸相次第而修。這種修法現在想是很困難，又要布施、又要持戒、又要安忍……就像念「嘎」的同時又要串連其他字，剛開始肯定很困難，但純熟了也就不困難了。所以，經過漫長地修習，一剎那間照見一切萬法的佛智之因緣──次第加行，也肯定能生起來。

---

⑪拼讀：按藏文的前加、語基、後加等次序拼讀語音之法。

至於頂加行與剎那加行二者，則是修習前面兩種加行達至頂峰的道之標準，除此之外，並沒有其他的修法。

　　正等加行達到一定標準時叫頂加行；次第加行達到頂峰時是剎那加行，此時一剎那中照見一切萬法，是加行的最高境界。所以，這兩者——頂加行與剎那加行不過是前面兩種加行的頂峰，並不是其他修法。概括來講，四加行包括於正等加行和次第加行，次第加行又間接包括於正等加行，所以正等加行可以包括其他三個加行。因為正等加行的所修是一百七十三相，一百七十三相達到穩固階段是次第加行，而其餘二加行只是此二加行之果。

　　所以最關鍵的，先聞思三智，再以正等加行修持。為什麼本論的正等加行講得廣，其他三加行較略，就因為其他三加行只是修行的不同階段，而最根本內容在正等加行。所以，學了華智仁波切的《總義》，基本會知道《現觀莊嚴論》的主要和次要內容，雖說《般若經》的道理都很圓滿，但聞思時還是要有側重。

　　正等加行達到究竟之法可分為（與頂加行相應的）四個階段：（第一階段，）是屬於世間道的，在相續中生起成為壓制能取所取四種分別念⑫對治的標誌加行[暖頂加行]以及相增長加行[頂頂加行]等功德，也即加行道頂位。

---

⑫能取所取的四種分別念：包括實有與假立的兩種能取分別念，以及染污與清淨的兩種所取分別念。

正等加行的修行過程中，相應的法達到究竟有四個階段。第一階段屬於世間道，能壓制相續中能取所取四種分別念⑬，但不能從根本上斷除所有所斷，只是壓制。此時自相續依次生起標誌加行（暖頂加行）、相增長加行（頂頂加行）、忍頂加行和世第一法頂加行的功德。

在世間修所生慧的證悟中，再沒有更超勝於此的境界了；

在凡夫位中，修持正等加行到達加行道，世間智慧中最殊勝的智慧可以生起，有暖、頂、忍、世第一法四種。

在聖者道中，首先是見道所斷[第二階段]，在相續中生起將能取所取四種分別念連根斬除的對治之法——見道無分別智慧，就是見道頂加行。在現見法性的根本定證悟中，再沒有更超勝於此的境界了；

第二階段在見道。此時相續中生起一地菩薩的智慧，能取所取四種分別念的見斷部分從根本上被斷除。從現見的角度，再沒有更超勝於此的智慧。也就是說，獲得一地菩薩時，對萬法本性該見的已見，再沒有更高的所見。當然從修行的角度，還有更超勝的智慧。所以有些論師認為：從所見的角度，一地菩薩與七地菩薩甚至與佛都沒有差別；但從能見修行的分明層次安立時，還有更明顯、更超勝的境界。

⑬能取所取這四種分別念可以包括人我和法我等所有的所斷。

緊接其後[第三階段]，便是修道所斷，在相續中生起將能取所取四種分別念連根斬除的對治，並依靠所有相之等持，而自在獲得世間利樂他眾的所有成就，就是修道頂加行。

　　至於自相續中以能取所取方式存在的修道所斷，在生起二地到十地之間的修道智慧時才被斷除，並且依靠相之等持獲得利益一切有情的成就，這就是修道頂加行。所謂相之等持，就是在不捨棄入定境界的同時，安住布施、持戒等相饒益無邊眾生之不可思議等持。這是第三階段，修道頂加行。

　　在從有學道的角度所修持的等持中，再沒有更超勝於此的境界了；

　　從見的角度，一地菩薩的境界最殊勝；而從有學道修持的角度，這是最殊勝的等持。

　　最後[第四階段]，從根本上斷除執著二諦的差異、賢劣或者相違的細微耽執，在相續中生起以緣、相、因三者為主的無分別智慧，便是無間頂加行。

　　第四階段的無間頂加行，於十地末尾時從根本上斷除分別二諦之戲論。十地之前仍有二諦相違的分別，認為勝義諦殊勝、世俗諦低劣，不說凡夫，七地、八地也還有細微的分別。「什麼時候能通達勝義諦？世俗諦全是迷亂假相……」我們總會這樣耽執。而這種粗大耽執，以及大菩薩的細微耽執，十地末尾時會全部斷除，

並生起以緣、相、因三者為主的無分別智慧，如本論云：「無性為所緣，正念為增上，寂靜為行相。」

所有修道，十地末之無間頂加行是最高、最深的修法，因此有很多辯論。對方對二諦有很多邪見，比如認為二諦是分開的，等等。因此彌勒菩薩在本論的頌詞中，以十六個辯答遣除責難。

因為在（無間頂加行）與究竟所得之果——法身之間，已經不存在其他道的阻隔了。

此時再無其他阻隔，馬上獲得佛果了，所以叫無間頂加行。

在修習次第加行達至究竟之際，也就是剎那加行。

次第加行到達究竟，叫剎那加行。就像正等加行的果是頂加行，次第加行的果是剎那加行。也就是說，從證悟獲得穩固的角度，次第加行是因，剎那加行是果。

第五課

第六課

　　如果現見一種無漏之法，便能將先前所現見的所有無漏之法以無相剎那加行與無二剎那加行現前，便是加行道的究竟之際[剎那加行]。

　　剎那加行時，現見一種無漏法，所有無漏法都能以無相與無二剎那加行現前。

　　它與前面所講的無間頂加行二者，只存在入定與出定反體的區別，除此之外，別無差異。

　　無間頂加行與剎那加行都是宣講十地菩薩的智慧，只是在入定和出定的反體方面有所不同：無間頂加行主要是入定境界；剎那加行主要是出定境界。

　　顯而易見，真正的所修之法，便是正等加行與次第加行二者。

　　歸納《現觀莊嚴論》的修行，就是正等加行和次第加行，二者涵攝了所有修法。

　　雖然按照論中⑭的次第，似乎是「如果依靠正等加行，而使頂加行在相續中產生以後，便開始修習次第加行」，但這只不過是從每一對因果相結合的角度而宣說的次第，並不是指實際修行的次第。

　　從《現觀莊嚴論》的宣講次第來看，正等加行、頂加行、次第加行和剎那加行依次下來，好像不是正等加

⑭論中：指《現觀莊嚴論》。

《現觀莊嚴論總義——修行次第略說》《現觀略義講記》合刊

行之後就是次第加行，而是中間還有個頂加行。但這只是把每對因果相結合的宣講次第。前面講了，證悟獲得自在分因和果，正等加行是因，頂加行是果；證悟獲得穩固也分因和果，次第加行是因，剎那加行是果。

從這種因果也看得出來，其實除了正等加行和次第加行，並沒有其他修法，因為頂加行和剎那加行只是前二者達到頂峰的階段。所以，雖然論典中的次第如是，但這不是修行次第。

因此，在修行之際，即使目前尚處於初學階段的人，也可以修持兩種加行。如同論中所宣說的「以聞思的方式⑮而（修習）次第加行」一樣。

正等加行和次第加行是真正所修，而初學的凡夫，即使未登地，甚至未入加行道，也可以修持。如本論所說：凡夫以聞思方式修次第加行。這一點，獅子賢論師的論典中也有說明。

如果對實際修持這兩種加行[正等加行與次第加行]的方法略加宣說，則首先是在正等加行之際，將三智的所有相攝為一百七十三相而進行修持。

不單是理論，在實際修持兩種加行的過程中，正等加行將三智所有相攝為一百七十三相進行修持。一百七十三相中，遍智有一百一十相，道智有三十六相，基智有二十七相。總之，《現觀莊嚴論》的所有

第六課

---

⑮以聞思的方式：一般是指初學階段的修持方式。

修行可以包括於三智之中，而三智的內容也就是這一百七十三相。

以其中基智的第一相——無常之相的修持方法為例：

怎樣修一百七十三相呢？基智有二十七相，以它的第一相——無常之相為例：

安住於以有為法對境所涵攝的一切萬法都是連貫的、剎那相續的生滅自性，也就是其境相[義相]；

有為法對境所攝萬法都是連貫、不停駐、剎那生滅的自性，這種無常的本性就叫境相。就像火的熱性一樣，柱子、瓶子等一切萬法的本性都是無常。

對外境無常的道理，依靠教證理證之推理智慧而斷除增益的修持，則為其識相。

萬法本來無常，只是凡夫人不了解。所以，只有依靠佛經的教證、高僧大德的竅訣以及自身智慧推理的理證，才能斷除一切懷疑，認識萬法的無常本體。這樣的概念或理解，就是了達無常之識相。

對於聲聞自道而言，僅僅這些就已經足夠了。

對聲聞乘而言，了達萬法無常之境相以及懂得此理之識相，已經足夠了。去過南傳佛教國家的人都知道，小乘的修行，前面沒有發心，後面沒有迴向，中間也沒有無緣空性的攝持。只是知道萬法在外境上無常與有境上認識它。

《現觀莊嚴論總義——修行次第略說》《現觀略義講記》合刊

但因為大乘行者必須在相續中生起所有各乘的證悟境界，所以僅僅（證達）這一點是不夠的，還需要將境相與識相二者都作為對境，以加行的方式來進行修持。

為了攝受一切眾生，大乘行者一定要證悟各乘境界。只是依無常外境生起了達之識還不夠，還要把境相——無常、識相——執無常之心識都作為對境，以加行方式進行修持。修行時，勝義中無常和執無常之心遠離戲論、了不可得；世俗中二者如夢如幻，以這種方式修持。而且開頭要發心利益一切眾生，中間以三輪體空或如夢如幻方式修持，最後將善根迴向無量無邊的眾生。

所以，大乘、小乘確實有差別。不說其他，僅念一句阿彌陀佛名號，大乘修行人首先會發菩提心——為利益一切眾生我念阿彌陀佛；中間專心念誦；最後也會迴向——所修善根不為自得安樂，唯一為利一切眾生而求往生，一般會具足三殊勝。不是大乘修行者，儘管「嗡瑪呢巴美吽舍」、「南無阿彌陀佛」不停地念，但只是為自己，為自己當然就不用迴向了。所以我覺得，沒有發心、迴向，和小乘宗派沒有差別。

以前我去泰國，本來泰國很多修法儀軌非常殊勝，有像《別解脫經》等殊勝經典，但念誦前沒有發心，念完後也沒有迴向。有一次，我和他們一起用漢語誦經，誦完也就結束了。當時我還想：為什麼不迴向善根？當然這是小乘寺院，在泰國一些大乘寺院裡，行為也有所

不同。我看過一張泰國比丘到新加坡傳法的光碟，所傳的法跟藏傳佛教沒有差別，看了以後我又想：原來他們和我們一樣！

總之，我們學任何法、修任何法，開頭要有發心；中間以勝義或世俗的無緣攝持而修；最後還要迴向。

至於所宣說的二十種加行，因為其中有三種只不過是指三智證悟方式的分類；而有十五種，又是指界限的分類，所以真正的所修，就只有無住加行與無行加行二者。

正等加行之加行有二十種，分別是兩種、三種、十五種。其中，無住、無行之外的三加行是依三智分類的；而十五種加行是依界限分類的。其他的或依三智、或依界限而分類，所以真正的修行，只有無住加行和無行加行，或說不住加行和不行加行。也就是說，這兩者包括了正等加行的所有修行。

所以，《現觀莊嚴論》的所知三智以四加行修行；四加行包括於正等加行和次第加行中；次第加行又包括於正等加行中；而正等加行的二十種，最終可包括於無住、無行二加行中。

所謂的無住修行，也就是遮止對外境耽執的修行。因為此時是以無常之相為對境[外境]，所以，在通達即使了知無常之理，也只是名言世俗的證悟之相，在勝義當中，無常根本無法成立為實有的道理之後，內心不住於

任何耽執，也就是無住加行。

　　無住加行是從對境空性的角度安立的。比如說無常，在名言中，抉擇對境的一切萬法剎那剎那改變，認識這一無常已足夠了；但在勝義的抉擇或修持中，以中觀理證從因、體、果三方面觀察時，剎那變化之無常本體了不可得，而非無常之本體也了無蹤跡。所以，對瓶子、柱子等任何法的無常，了知勝義中不可得而毫無耽執，就是無住加行。

　　這樣一來，在通達無常的空性以後，因為能修之心也是不成立為任何邊際的空性，以什麼（有境）而對什麼（對境）進行瑜伽修持也是了不可得的，所以，所謂的「修持」，也只不過是除了名言中的增益以外，並不存在一絲一毫的修持。如果能了知這一點，則因為通達了行持外境和有境的所謂修持並不存在，故而稱之為「無行加行」。這種加行，也是遮止對有境耽執的修行。

　　既然所修對境無常不可得，那麼執無常之有境心也不可得。境與有境、能取所取皆了不可得、猶如虛空，如是了知修持不存在就是無行加行。

　　無住與無行，一個是斷除對對境的耽著，一個是斷除對有境的耽著，這兩種修行非常重要。《般若攝頌》反覆抉擇的內容也就是如此：世俗中境和有境無任何實質、如夢如幻；而勝義中了無所得。所以，所謂般若波

羅蜜多，歸納而言就是不執著對境和有境。而《現觀莊嚴論》的修行也完全體現了這一點。所以，在平時的行住坐臥或做事時，如果不太耽執，也接近正等加行的修法。

對於這兩種加行，在其他經論中也有「遮止住」與「遮止瑜伽」的提法，這裡的「瑜伽」與（前面所說的）「行持」是同一個意思。

「遮止住」指的是不住加行，「遮止瑜伽」指的是不行加行。

如果結合其他的佛法專用術語來進行闡述，則所謂的「無有所修」與「無有能修」也只不過是在表示這兩種加行。也就是說，所謂的「無住加行」，就是「無有所修」的意思；而所謂的「無行加行」，則是「無有能修」的意思。

在哦巴活佛的《現觀莊嚴論釋》中，這兩種加行從無有所修和無有能修的角度來講。

另外，無有任何作意即為般若之義的說法，也僅僅是指不作意於對任何外境與有境諦實的耽執。

有些宗派認為：無有任何作意的單空即是般若。

但這種不作意，其實只是對外境和有境不耽著而已，並不是般若。麥彭仁波切在有關論典中說：對遠離一切戲論的對境與有境皆離於執著，才是真正的般若。所以，我們應該這樣理解般若的含義。

113

第七課

還有，因為任何外境都不可成立，所以，內心不執著於任何法，就是「無住（加行）」的含義；不執著於任何法這種極其殊勝的瑜伽，就是所謂的「無行加行」。

無住加行和無行加行是《現觀莊嚴論》的最根本修法，雖然《般若經》的修法極多，但歸納起來就是無住加行和無行加行。所以，這兩個修法非常關鍵。對於所取外境，以微塵和剎那進行觀察時都不成立，因此無所取之法，這就是無住加行；從有境方面，心識不緣任何邊，沒有任何執著和相狀，這種最殊勝的瑜伽就是無行加行。

所謂的「無修而修」，與此也是同一個要點。

相關大乘經典中說：無見是最殊勝之見，無修是最殊勝之修，無行是最殊勝之行，無得是最殊勝之果。這些教言詮釋的就是般若波羅蜜多的修法。對外境沒有執著，對有境也沒有執著，能取、所取皆消於法界，這就是般若波羅蜜多的究竟含義，也是《現觀》的修行要訣。

表面看來，似乎《現觀莊嚴論》無可修，但其實是「無修而修」。我們以中觀理抉擇萬法無任何實體，乃至心識也不存在任何體相，通達此理，並於如是境界自

然安住，這就是《現觀莊嚴論》的修行，也是中觀的修行。而大圓滿、大手印等最高修行，也包括其中。

正如《經莊嚴論》所云：「無有諸修見，許為極勝修[16]。」

了達沒有任何所修之法，可承許此為最殊勝之修法。

由此可見，修持般若波羅蜜多之義的究竟正行，也不過如此而已，因此，我們必須以該要義徹底斷除增益。

所以，修持般若波羅蜜多的究竟正行，就是無住加行和無行加行。這兩種加行，盡可包括廣、中、略般若之含義。般若經函的數量極多，但歸納起來，就是對境不成立、有境不存在。能在如此境界中長期修持，就是通達般若波羅蜜多者。般若波羅蜜多之義，也僅此而已。

作為修行人，對般若波羅蜜多有懷疑、增益或邪見，一定要聞思修行中觀才能斷除。否則，很多人不聞思，直接要參禪或安住空性，這非常困難。未以理證引生定解或智慧，要安住也只是住於單空，真正的禪或與妙力雙運的空性境界難以現前。

如今講禪的人多，但作為禪者，自己先要通達般若法門。如果對佛陀的二轉法輪有長期的聞思，尤其通達

《現觀莊嚴論總義——修行次第略說》《現觀略義講記》合刊

---

[16]漢譯：「欲修最上修，不見一切修」

了《中觀根本慧論》、《中觀四百論》、《入中論》等論典，並斷除一切懷疑，那時候你參禪修般若，應該大有希望。否則，只是學過一些哲學、簡單的唯識，也看過一些空性的詞句，甚至講得也是頭頭是道，但自己從未享受過禪的味道——空性妙力，講也如同盲人摸象，沒有多大意義與價值。

如果把此等要義視為附帶之義，僅僅依靠論典的個別詞句，而將毫無意義的眾多冗詞說得天花亂墜，則是徹頭徹尾的截斷甚深大義之法緣。

以無住加行和無行加行修持般若，是最甚深的要義。如果把它當作附帶意義，僅依個別詞句或辯論之理，以各種繁雜之詞闡述，即使講得天花亂墜，但實際已截斷甚深般若的法緣。

眼下確實有這種情形，有些人宣揚禪文化，把禪用在喝茶、繪畫，甚至醫療、保險上，很多方面用禪的文化來附會。禪與茶，禪與畫，真正通達禪的人，這樣結合也許有意義，但一般來講，禪是般若波羅蜜多，並不是普洱茶的蒸汽。所以我覺得，很多人把禪用得太廣，甚至不著邊際了，但也許是我不懂禪。當然，如果是證悟者，喝茶、上廁所等任何事情都可以現為禪的妙用，但對未證悟者來講，認為吃肉就是禪的行為，這一點我接受不了。當然，我接受不了的，不一定不如法。

所以，最關鍵的是通達現空雙運。這一空性理不應

停在口頭上，口頭上誰都會說。稍微有點學歷，先看一遍，然後找幾個教證，講一講很容易。但是佛法要證，不是憑口說，空口裡說空話沒有意義。最關鍵的，是要依教證、理證通達，再依實修獲得體驗，那時候，說也好、不說也好，實際已通達釋迦牟尼佛的甚深教言，已品嘗佛法的甘露妙味。從此以後，你說的教言才對別人直接有利。所以，麥彭仁波切的竅訣中說：我們學般若，文字不重要，最關鍵的是通達竅訣、總結要訣。

如果不會總結要訣，想對《現觀》的諸多文字一一修習，是不可能的。而這部《修行次第略說》其實就是歸集所有般若修法的竅訣，能通達此論，對《現觀》的含義、實際修持以及因修持而有的心靈成長，應該會有所了解。

因此，成千上萬的印藏諸大智者與成就者的所有論典以及修行教言中，也將（所有內容）歸結到「無執」這一精要之上。

所以，成千上萬的印藏大德、大成就者的所有論典和竅訣中所說的內容，都可以歸結到「無有執著」這一精要上。看一看印藏大德們遺留的教言，不論是般若還是密法，最終都歸結到無有能取所取；而漢傳佛教等大成就者的教言中，除了離執、無相的要訣外，也別無其他。這就是不二法門、般若法門、無相法門。

對這個道理，有些人已經通達，並且超越了生死輪

117

迴。而有些人只會重複，佛陀、諸位聖者和高僧大德們這樣講，也跟著這樣講。就像鸚鵡學舌，有人說「嗡阿吽巴匝納德」，鸚鵡也學著說「嗡阿吽巴匝納德」。所以，不通達般若的人，只是重複而已。

總之，無執、無相是所有教言和竅訣的歸集之處。

如果能夠通達這種如同「百川歸一流」的攝集之方，就不會再僅僅因佛法術語的不同而將其執為相違，進而以貪嗔之念加以破立，反而會因為對所有宗派生起了誠摯的定解與信念而感到無比歡喜。

在般若空性的本體上，所有道理一味一體，就像百川匯海一樣一切修道殊途同歸。雖然使用的是不同竅訣、不同文字，但實際是彼此貫通、融為一體的，能通達這個道理，就不會因為佛法術語的不同而執為相違。

比如顯宗說空性、禪的妙力，而密宗說現空雙運、樂空雙運，對通達者來講，這些不同名稱不會引發邪見：雙運是不是黑白繩子搓在一起，有執著相？空性是不是單空……在他們面前，印、藏、漢高僧大德的竅訣是一味的，雖因不同民族習慣而有不同術語，以及因佛教融合、文化交匯而出現不同說法，但對他們的成就都毫無影響。

現在個別人不實修，就靠分別念破立。僅僅看了一些文字、光盤，有些粗淺的研究，自己還滿肚子懷疑和矛盾，言論中卻充斥著邪見：這個宗派不對，那個宗派

不對，藏傳佛教不對，淨土宗不對，華嚴宗也不對……這就是孤陋寡聞的表現。現空雙運的佛法精華未融入相續，不同就成了衝突和矛盾，善巧的辨別也成了針鋒相對的抵觸法，由於不能圓融一味，便對自方生貪，對他方生嗔，並以分別妄念進行破立。

如果我們通達了現空雙運，通達了無執的竅訣，就不會出現這種情況，而會對釋迦牟尼佛傳下來的所有清淨宗派從心坎深處生起清淨心、信心和定解。我們要為有這樣的境界而無比歡喜，因為對所有大德都能觀清淨心，對佛陀所傳、不斷有成就者出現的所有宗派都能生信心，這說明正法已融入相續，再也不會依正法造惡業，墮入三惡趣。

這就是我們通過聞思般若波羅蜜多所取得的收益。

當我們不因不同術語而誹謗佛法，且對各教派的大德及甚深教法生起信心的時候，就是在聞思般若上有了收穫。現在有些人越聞思傲慢心越重，有一點世間學問就特別傲慢，認為很了不起。這種行為不好！所以我們要像華智仁波切《大圓滿前行》講的那樣：修行越來越好，自己的心也越來越調柔。

這樣一來，再也不會說「因為一切萬法皆為空性，所以不存在任何修持」，從而因墮入斷見而住於平庸。

聞思般若有了收穫，見解純正了，此時根本不會說：因為萬法是空性，所以不需要修持，不需要積累資

糧，不需要上供下施，不用作任何善事……而如果持了這種斷見，其實也正說明他還不了解般若。因為智者知道：雖然一切萬法在勝義中是空性，無可耽著；但在世俗中如幻如夢的緣起顯現卻也無欺存在，造惡業、善業，必定會成熟它的苦樂果報。如蓮花生大士所說：「是故見比虛空高，取捨因果較粉細。」大家應該以此竅訣約束自相續。

所以，修行境界越高，越會重視因果；而一無所學、一無所證者，口頭上空話說得大，行持上卻肆無忌憚地踐踏因果。

如果能夠通達「在勝義中，以外境與有境所表示的一切萬法之自性離戲無生、超離思維」的道理，則不會受制於對任何法的耽執。

如《中論》等般若法門所抉擇的那樣，在勝義中，以境和有境所表示的一切萬法遠離四邊八戲、無生無滅、超離一切語言與分別，包括涅槃在內毫無實有堪忍之法。通達此理，不論清淨法還是染污法，不會有任何耽執，不會受任何束縛。所以我們要通達空性，不通達空性，就難以真實地引導眾生。就像有些法師，因為對空性理解不深，所以在講經說法的過程中，對種種根基全都施以人天乘的引導，這樣意義不是很大。

在如同幻化的世俗名言中，以加行發心、正行無緣、結行迴向三者所攝持的，下自有為法無常開始，上

至佛相為止的所有諸相，都以無修的方式進行修習，並令其在自相續中生起，便是修持般若波羅蜜多空性的無上妙法。

以勝義智慧觀察時，整個世間沒有微塵許不空之法，透過這種空性智慧的攝持，在後得如夢如幻的世俗中，依靠三殊勝而修持：首先發無上菩提心，中間是無有任何耽著的正行無緣，最後把善根迴向於天邊無際一切眾生。所修的法，從一百七十三相的第一相——無常開始，痛苦、無我、空性……一直到佛的四無畏、十八不共法等相，全部以無所修的方式而修持。這種境界，並不是理論上說說，應該讓它在自相續中完全生起來。這就是修持般若波羅蜜多空性最殊勝的無上妙法。

也許有人認為般若波羅蜜多的修法很遙遠，其實也不是這樣。以修無常為例，就像《大圓滿前行》所講的，我們先觀察外器世界的生住壞滅，再觀察內有情世界的生老病死，可以緣種種現象而修。所以，萬法無常的道理誰都能修。但不像小乘或世間修法，大乘修法要具足三殊勝。如果具足三殊勝，再以勝義中一切不緣、遠離四邊八戲的智慧攝持而修，就屬於《現觀莊嚴論》的修法了。

不像金剛薩埵或阿彌陀佛修法，《現觀莊嚴論》沒有單獨修法，但在修任何法時，都能用這個修法來修持。比如念修金剛薩埵，在觀修過程中，要知道金剛薩

埵和自己都非實有，是遠離四邊八戲的本體，這是勝義修法。在念修的同時，不單單為自己，而是發心清淨天邊無際一切眾生的罪障，這是發心殊勝；心不耽執世間，盡量專注於所緣境界而修，這是正行無緣；所修善根迴向於所有眾生，這是迴向殊勝。這個完整修法，就是《現觀莊嚴論》的修法。

《現觀莊嚴論》的一百七十三相，都是以這種方式而修。壽命無常、有漏皆苦……乃至每一個加行相，都應以勝義中遠離四邊八戲、世俗中不離三殊勝的方式而修，這是非常關鍵的！這樣的竅訣，在世間的高等學校確實得不到。我看到一本書，說有「哈佛大學學不到的人生真理」，但我翻了一下，發現這種「人生真理」連小學都有。所以，只有佛法最希有，而《現觀莊嚴論》的竅訣更不是隨處可得，一定要珍惜並實地修持！

否則，單單參禪，是小乘修法還是大乘修法，或者是世間修法，我們分不清楚。也許有人覺得這樣安住很舒服，但這並不是解脫之因，只是歡喜斷除分別念、閉眼坐著，這是世間法；如果你為了從輪迴苦海中解脫而參禪，這是小乘修法；參禪時，先發心利益一切眾生，出定時也將善根迴向一切眾生，這才算大乘修法。

很多人參禪，包括藏傳佛教有些人的修行，前後什麼都沒有，只是這樣安住。這是不行的！前面要有皈依、發心，後面要有迴向，而且都要涉及利益眾生和佛

果，這是兩個關鍵，不能忽略。否則，修法的功德和質量就變了。5‧12汶川大地震以後，很多佛教徒在修無常和慈悲。但光是想一想：「那麼多眾生死了，很可憐！」然後念「嗡瑪呢巴美吽」，這不一定是大乘修法。見了可憐眾生念幾句「嗡瑪呢巴美吽」，這沒有什麼；如果是為這些眾生為主的一切眾生成佛而修無常、觀大悲，並在收座時把善根普皆迴向，這才是完整的大乘修法。

當然，善根迴向以後，如果執著「我念了一萬遍觀音心咒」，它是根深蒂固的、永遠不毀壞……也不行，因為任何善根都現而無自性，勝義中遠離四邊八戲。而只有以這種智慧攝持而修，才是《現觀莊嚴論》的修行。

《現觀莊嚴論總義——修行次第略說》《現觀略義講記》合刊

第八課

下面繼續講《現觀莊嚴論總義——修行次第略說》。前面已經講了以勝義中萬法抉擇為空性、世俗中如幻如夢的方式來修持般若波羅蜜多,下面華智仁波切引用《般若攝頌》的教證:

如云:「如同木藝工匠所仿造,諸等男女造作諸等事,精通般若諸行之菩薩,以無分別智慧造諸相。」

有些手藝好的木匠能造出各種男女像,這些像還能做各種事情。《百業經》就提到一個木匠會造飛機,經常乘飛機到他歡喜的對境那裡去。其實這相當於現在的機器人,科學家用各種零件造成「人」像,讓它們做事情。但這些只是幻化,並不真實。同樣的道理,精通般若波羅蜜多的菩薩,雖然安住於無分別智慧,無自他分別,卻能在世俗中以如夢如幻的方式做種種事,比如發無上菩提心,或以禪定、智慧度化無量眾生。沒有分別,但卻可以造作諸相。

因地菩薩和果地佛陀都有無分別,雖然利生能力不同,但都是無分別。通過無分別智慧,不僅佛菩薩本身能利益眾生,以佛菩薩加持而化現的化身,比如橋梁、公園、門檻等等,都能在無分別念的情況下利益眾生。特別是現在人們普遍使用的電腦,其實也是諸佛菩薩以禪定力、幻化力顯現的利生手段。比如我現在講的法,

電腦處理以後，東南西北的人都可以了解；前幾天的金剛薩埵法會也是，國內外都可以聽到。所以，無分別當中可以自在顯現。

現在是科技時代，一切科技都是無分別的，你依靠它可以自我損害，也可以輕鬆獲得利益。凡夫人的世界本來如夢，而仍要被夢中的幻化——電腦世界深深束縛，的確可憐。但從另一方面來看，你想利益眾生，這些也成了方便。比如目前我們正在傳播的佛法，通過這些如夢的方便，可以讓很多眾生從輪迴迷夢中醒悟，讓不同地方的人們得到一點利益。

不信佛教的人造了這些電腦、電器，可是用到我們手上，半天的操作，諸多「等持」就閃現了。經論中經常提到一些不可思議的等持，像獅子奮迅等持、虛空藏等持等，入於等持，一時間可以救度無量眾生。這些難以想像的事情，現在以科技的方式呈現了。比如我今晚講的法，明天上午有些道友「入定」——用電腦整理、傳輸，這樣人們很快就了知了。這也是諸佛菩薩不可思議的等持，雖然是無分別、沒有實質，但也可以利益眾生。

此外，本論宣說基智之際也說道：以能了知的虛幻七相來表示一切萬法，並以四無耽執的方式修持此等諸法。

對於萬法勝義中是空性、世俗中如夢如幻之理，本

論第三品以「證知七現事」講了七種現而無自性的比喻，也就是虛幻七相：夢境、幻覺、陽焰、回響、光影、尋香城、幻象。並云：「不執著色等，四種平等性」，以四種無耽執修持諸法：不執著色法之本體、不執著色法之相、不執著色法之作用、不執著色法之有境，總共有四種平等性，這就是如夢如幻的修持。

以這樣的修持，暫時可以在自相續中生起無一不備的三乘修證境界，究竟可以將此等一切清淨於空性離戲無執的一體法界之中。

這樣修持，暫時可以在自相續中生起完整無缺的三乘證悟境界。因為修持般若波羅蜜多最主要的特點，就是能生起三乘境界。證悟基法一切相為空性，這是聲緣的證悟境界，是基智；證悟道法的一切相為空性，是菩薩的境界，是道智；對果法的一切相通達無礙，是遍智佛陀的境界。所以，如理修持以後，三智境界可以現前；而究竟則將三智一切相全部清淨於空性、離戲、無執的一體法界中。

三乘境界其實是一本體、異反體。從般若空性的角度，三智境界是一個本體；但從世俗顯現的反體來講，聲聞緣覺的智慧、菩薩的智慧、佛陀的智慧，三者是分開的。

只有現空智慧方便兩種資糧的雙運，才是令諸佛歡喜的無上妙道，作為具慧之人，就必須通達這一點。

第八課

勝義中遠離一切戲論，這是無緣智慧資糧；世俗中一切法以如夢如幻、現而無自性方式具足，這是有緣福德資糧。只有福慧雙運，才是令十方諸佛歡喜之妙道。否則，看上去是在積累資糧——磕頭、供養僧眾，但內心不離強烈實執，這不是諸佛歡喜之道；似乎是在安住空性，但卻否認一切世俗顯現，這也不是諸佛歡喜之道。一切顯現皆是空性，空性中一切皆可顯現，只有安住此現空雙運的境界，才是令過去、現在、未來一切諸佛歡喜之道，令所有傳承上師歡喜之道。所以，具智慧者應如是修行。

此時，即使當下不能真實修持佛陀唯有的（十）力、（四）無畏等任一智慧之相，但也可以將嚮往與發願將來自相續中能生起這一切的方式作為修法。

從無常到佛相，一百七十三相都是所修。但在凡夫地時，無常、痛苦可以修，而佛陀的十力、四無畏、十八不共法，不要說凡夫，連聖者也難真實修持。那該如何修呢？雖說不能一五一十全部展現，但可以發願與嚮往的方式修。比如一個小學生，雖說不是科學家，但他可以有這個理想：「我以後要成為科學家，那時候我要造飛機。」對嚮往的一切，他幼稚的心中有一種行相。所以，雖是凡夫，但可以緣著佛的一切發願：「我一定要成佛，成佛時相好圓滿。」現在就可以這樣修持。

在登地之後，哪怕仍然不能真實修持這一切，但相似的修持卻可以在自相續中生起。

登地之後，雖然還不具有佛的功德，但佛的相好、無緣大悲心等，可以相似具有。佛具有一切功德，所以成佛是我們共同的嚮往。雖說凡夫距此還很遙遠，但不能認為：我不是佛，所以不可能利益眾生，而成佛又太難……不能這麼想！從現在開始，我們一定要發心利益眾生、通達萬法。有了發心，智慧會逐漸成熟的。所以麥彭仁波切的願文中說：每一世每一世，願我的智慧和悲心都有進步！

短短一生，要通達一切萬法可能很困難，但我們至少也要這樣發願：成佛的路上，但願我的每一世、每一世不要倒退……否則，今年五年級，明年四年級、三年級，這樣下去就太可笑了。所以我們要堅信：只要我們發願，只要每一世都有進步，成佛不會遙遠。

乙二、證悟穩固之次第加行：

所有的三智之相，可以涵攝於一百七十三相之中。在採用二諦雙運的方式，以正等加行——進行修持之際，通過迅速快捷地依照順序將自相續中生起的所有修持[證悟]前後相聯而修，或者將這些修持互相歸集於一相之中而修，從而使正等加行之際自相續中生起的諸等證悟穩定牢固（，就是所謂的「證悟穩固之次第加行」）。

第八課

正等加行的所修，就是三智的一百七十三相。當然，無邊萬法之相也是無邊無際，不可能僅此數量，但歸納起來則可攝於一百七十三相當中。在正等加行時，就是對這一百七十三相以勝義中遠離戲論、世俗中如夢如幻二諦雙運的方式修持。而為了使正等加行的證悟獲得穩固，便要進入次第加行的修持。

次第加行有兩種修法：一是將所有現前過的證悟迅速快捷地次第相聯而修。比如苦諦，先觀想無常，之後痛苦、空性、無我……這些相次第地、迅速地在相續中現前。一是把所有相歸集在一個相中修行。比如把痛苦、空性、無我等全都歸集在無常相中修持，或將六波羅蜜多歸集在布施中修持。通過以上兩種方式，要麼次第而修，要麼歸集而修，不斷修持之後，一百七十三相的境界不易退失，否則修行不會穩固。

凡夫人偶爾會感受到無常。當親人死了，無常真的現前的時候，他也覺得佛法是對的，萬法的確無常。可是他不懂得修，處理屍體時的無常感很快就消失了。前段時間地震，大家也被無常震撼了。大街小巷，不信佛的人也開始念「嗡瑪呢巴美吽」，念「南無觀世音菩薩」。但他們要的不是修行，所以兩天剛過，眼前的境象恢復常態，也就想不到無常了。也包括一些修行人，他的修行總是很難持續。當上師講到無常，或者遇到一些特殊外緣，他會覺得：真的是無常，真的是痛苦，真

的是空性，真的是無我……似乎已經開悟了。可是沒有穩固加行的緣故，過一段時間，就恢復原來的狀態了。

總之，如果相續中所生諸相、諸功德得到穩固，就是所謂的證悟穩固之次第加行。下面以一個例子來說明。

以修持第一智的苦諦之相為例，首先緣於無常與痛苦等各相，在名言世俗中，使對一切有為法皆為無常之理的定解趨於穩固；

以遍智的苦諦之相為例，一切萬法都是無常、剎那毀滅；一切感受不離痛苦……名言中，對此要生起堅固定解，並讓它趨於穩固。比如觀想輪迴痛苦時，先觀想地獄眾生，他們的壽量如何、感受如何；然後是餓鬼、旁生……最後內心真正生起一種覺受：無論生在地獄、餓鬼或人間等任何地方，無非痛苦。

這種痛苦覺受並不是指偶爾感覺到的痛苦。有人吵了架，感覺很苦：好痛苦！生活沒有意義，我要自殺……這種暫時的痛苦體會誰都會有，但這並不是對輪迴之苦生了定解。而像朗日塘巴格西那樣，始終對輪迴痛苦有著深刻感受，才是通達了苦諦。

在勝義中，因為通達了空性，所以對這一切都無有耽執。

在勝義中，以各種理證抉擇，通達萬法都是空性、無可耽執。

在相續中生起的將此二者[勝義與世俗]雙運的修持[證悟]，就是所謂的「正等加行之修持」。

勝義中對一切萬法沒有任何執著；世俗中對萬法無常、輪迴痛苦、一切無我等生起堅定不移的定解，對此二諦之理融會貫通、雙運而修，就是正等加行的修持。而正等加行得以穩固，就是次第加行。這兩種加行的差別要分清楚，否則學《現觀莊嚴論》頌詞的時候，可能找不到二者的界限。

這次我講《現觀莊嚴論》，基本在按傳統方式傳講，沒有加很多世間的比喻和公案。加了這些，可能對我們理解勝義空性有點遮障，所以不講很多。當然不論怎麼講，《現觀莊嚴論》的本義恐怕現代人很難接受。但不接受也很正常，總不能為了弘揚般若，就去講「怎樣以般若空性攝持買股票」、「怎樣以般若空性攝持買保險」……這樣講，也講不清楚。

當相應各相在相續中生起之際，以在自相續中明觀的方式，而令無常、痛苦、空性、無我等相依次在每一個邊際剎那中再再嫻熟，並將其他三相也攝集於無常之中。

這裡是講次第加行。正等加行時，以勝義中空性、世俗中如幻如夢的定解攝持而修持各個相。當修行達到一定境界，相應的無常、痛苦、空性、無我等各種相在自相續中生起時，再以明觀的方式，在短暫的一個剎那

之間，將這些相依次現前，並使這種修行再再熟練。熟練之後，還要把其他三相攝集於無常之中修持。

對我們而言，一剎那中連苦諦的四相也觀不出來，但修行達到一定境界時，這四個相乃至所有相短暫的時間中就能顯現，或者是次第性地顯現，或者是一相當中攝集其他所有相而顯現。

因為在經論中也說：「因為無常，所以痛苦」，又因為有為法是連貫的相續，所以只可能是空性以及無我等等的緣故。

經論中明顯說到：因為無常的緣故，所以痛苦。這個道理，《寶鬘論》、《六十正理論》、《入中論》裡都講過。無常就是剎那生滅，所以是行苦。同樣的道理，因為無常所以無我，因為無常所以空性。為什麼呢？因為人們執著的「我」是常有的法，但任何有為法只是假立的連貫相續，由這種無常性就能成立無我；人們所執著的實有法也是常有，但由無常也能成立它的空性。所以，只要是無常，肯定是痛苦，只要是無常，也肯定是無我、空性。

以在相互的每一相中，都涵攝了所有相的方式所進行的鍛煉與修持（，就是次第加行的修持）。

在一個剎那中，所有相次第不亂地顯現，或者以一相涵攝所有相的方式顯現，這就是次第加行的修持。當然，這是大菩薩的現證。對我們而言，觀無常的同時又

第八課

能觀痛苦，一個剎那中不行，但兩個剎那應該可以。第一剎那觀無常，看到人死了體會到無常；第二剎那中又能觀痛苦。如果時間長一點，其他的相也可以觀出來：因為無常，所以我不存在；因為無常，所以萬法是空性……這樣慢慢地、次第連貫性地觀，也可以。但在一個剎那中把所有相全部觀完，這對我們來講有一定的困難。當然，菩薩完全能做到這一點，這就像《四百論》所講的：鈍根證悟一法空不能證悟一切法空，但利根可以。

如果有人認為：依照論中的次第，只宣說了隨念佛等十三種次第加行，修持無常等相又怎麼會變成次第加行了呢？

有人認為：《現觀莊嚴論》僅以一頌宣說次第加行⑰，包括了隨念佛、隨念法等十三種法，所以，只有這十三法才是次第加行的內容。而為什麼無常等相又成了次第加行的內容？

所謂十三種次第加行，只不過是次第加行的修行支分，而並不是正行修法。

實際上，《現觀莊嚴論》這一頌只講了次第加行的修行支分，並沒有講正行。

因為皈依三寶是一切道的所依，所以是所依支；

其中皈依三寶——隨念佛、隨念法、隨念僧是一切

---

⑰布施至般若，隨念於佛等，法無性自性，許為漸次行。

道的基礎，從所依的角度安立，所以是所依支。

因為隨念天是修道的見證，所以是見證支；

隨念四大天王等天尊或者彌勒菩薩、文殊菩薩等本尊，叫隨念天。隨念天是修道的見證，所以是見證支。隨念天尊很重要，所以在修道過程中要經常憶念：上師肯定知道，天尊肯定知道，三寶肯定知道……有了這樣的信念，就不會造惡業。

平時我們供護法、獻新供，一定要隨念三寶而供養。因為三寶裡面有佛法僧，也有天尊，所有供養境都具足。所以，供護法時不僅要供護法，最根本的是要供三寶。個別道友每天敲鼓、念護法，如果知道護法是三寶的本體，這樣念功德很大。如果認為護法就是某個天神、地神或者非人，今天給他個蘋果求他幫助，明天他幫你做件大事，談生意一樣去供，這樣不好。所以，有些人可能不薈供護法，以後要以隨念三寶的方式來供。

按照每一相中都包含了六波羅蜜多，以及以空性攝持的方式所進行的修持，就是後面七種次第加行的修法；

每一相中都包含六波羅蜜多，這是六度次第加行；以空性攝持是指無實性智次第加行。

至於隨念捨與隨念戒次第加行，則是因為一旦能安住於此二者，則可以依靠生生世世擁有善趣身體，以及圓滿受用的方式而具備修道之順緣。這樣一來，則即使

第八課

在來世也可以成為修法的助緣。

　　《中觀四百論》裡講，依靠清淨戒律能獲得善趣身體[18]；而布施可以獲得圓滿受用，這些在來世可以成為修法之順緣。

《現觀莊嚴論總義——修行次第略說》《現觀略義講記》合刊

---

[18]《中觀四百論》云：「尸羅生善趣，正見得涅槃。」

第九課

在座的各位，我們能聽受般若波羅蜜多法門，一定要有歡喜心。因為遇到大乘佛法，尤其是般若空性法門，的確非常不易，只有在千百萬劫中積累了資糧才能值遇。記得麥彭仁波切說過：由於佛法如意寶住世，才可以持誦如意寶般佛之名號，否則，千百萬劫也難得難遇。所以，我們遇到般若法門，也並非偶然，如《般若經》中說：今生對般若法門有歡喜心、希求心，此人定於前世值遇過無量如來，並在其前恭敬承事、供養過。這是如來的金剛語。《般若攝頌》中也有比喻：懷孕的女人孕期滿後，出現疼痛而臨產，不久分娩生下孩子，同樣，能聽聞般若法門且生信心者，速當獲證菩提果位。

道友們不要認為現觀、中觀法門誰都能聽到，絕對不是這樣！我經常想：雖然身處煩惱熾盛的末法時代，自相續不調柔、心懷憂愁，但我們還是能手搖轉經輪、口念咒語、身體禮拜佛像、處處聽聞佛號……有這些殊勝因緣的時候，一定要珍惜！我們來到了佛法興盛之地，遇到了善知識，的確不是平常的因緣。看看那些偏僻的邊地，不管擁有多少財富，但卻無緣聽聞一句佛的名號。這樣的邊地有多少？因此，獲得人身之時一定要有珍惜感、難得感，否則，對上師傳法就像對世間老師

講課一樣，怎麼能獲得利益？以這種心態聽受佛法，也說明對佛法的價值一無所知。般若法門是佛陀八萬四千法門的精華醍醐，千載難遇，一定要珍惜！

這次我弘揚《現觀莊嚴論》的過程中，有一些般若法本，要求每個人隨身攜帶，不離法本。有些人經常念《心經》、《金剛經》，這是真正的福報，沒有福報的人，根本不會念經、看經。我自己打開般若法本的時候，內心非常歡喜，難以用語言表達。因此，也請大家珍惜這些機緣和福報。而在我們自己享用的同時，也應該把這些法本或光碟向有緣眾生廣弘。真正能傳講般若，不管哪位上師講，都沒有差別。但有些上師，因為真正有體悟，所以無論講空性、悲心還是菩提心，都能講得出來。而聽者也能相應獲益，講悲心時，能生起悲心；講空性時，也不是文字上劃過去，內心真正會有一些體會。這說明上師具有真正的加持，也說明般若空性的威力。

如果般若法門得以弘揚，很多人便可依此獲得解脫，所以我們應該全力以赴弘揚。弘揚佛法不是非要坐在法座上，或者成為出名的大德，哪怕你去幫助身邊的一個眾生，也算是弘揚佛法、利益眾生。所以在有生之年，有能力，應盡力對有緣的人宣講般若；沒有能力，也應隨身攜帶《金剛經》、《心經》等法本，這樣，不管你去往何處，無形中可以加持和利益眾生。這些利

益，可能你看不到，但是絕對存在。就像高明的醫生做了藥讓你戴在身上，雖然當時不覺得管用，但一定會有效用的。因此，我們弘揚佛法、利益眾生，也要有善巧方便。

由此可知，真正的所修，在中現觀（「攝品」處）以「相及彼加行，彼極彼漸次」作結論時所謂的「彼」，如果是與三智之相相關，則次第加行的所修就是三智之相；

中現觀也就是六現觀。講中現觀時，頌詞：「相及彼加行，彼極彼漸次」有三個「彼」，「彼加行」、「彼極」、「彼漸次」；「彼竟彼異熟，餘六種略義」有兩個「彼」，相加上這些「彼」，就是六現觀。如果這些「彼」與三智之相相關聯，那麼「彼漸次」就說明，次第加行的所修也是三智之相。也就是說，三智之一百七十三相不但是正等加行和頂加行的所修，也是次第加行的所修。

如果是以後後的「彼」來表示前前，則應該承許正等加行的頂點就是次第加行。

如果是以後後的「彼」代表前前，則應承許修正等加行達到穩固就是次第加行。

無論怎樣，在正等加行之際的所修之外，絕對不可能存在次第加行的所修。

因此，從所修的角度，次第加行的所修其實也就

第
九
課

是正等加行所修的一百七十三相，除此之外沒有別的所修。前面也講了，雖然次第加行有十三種法，但這些法只不過是修行支分，真正所修還是正等加行的一百七十三相。

如果有人認為：既然在正等加行的所修之外，並不存在次第加行的所修，為什麼又要將其安立為兩種現觀呢？

有些人可能會想：正等加行所修的是一百七十三相，次第加行所修的也是這一百七十三相，除此之外並無其他所修，那為什麼要分成兩種現觀呢？顯然沒有意義，因為所修一樣，能修的加行也應該相同。

這種說法不對。雖然所修無別，都是一百七十三相，但二者的階段有差別。前面講過，修行獲得自在方面有因和果，獲得穩固時也有因和果，而這兩個果只是因的頂峰，所以，真正的修行就是正等加行和次第加行。而在正等加行和次第加行方面，正等加行是因，次第加行是果，正等加行達到穩固時就稱為次第加行。因為能修有差別，所以分兩種現觀。

這是一種解釋。下面再從其他角度分析：

因為在這二者之間，存在著主次等等的差別——正等加行主要修持以三智之相所表示的一切萬法空性離戲；而次第加行則主要修煉以大悲心所引發的一切相之等持。

首先，它們的主次不同。正等加行主要修持以三智之相所表示的一切萬法空性離戲。前面講過，正等加行以無住加行和無行加行兩種方式修持，外境、有境的一切萬法全都抉擇為遠離戲論之空性。因此，正等加行主要修空性。見到芸芸眾生未通達空性理，菩薩生起強烈悲心，以悲心引發而修煉一切相之等持，也就是一百七十三相可以在一相當中運行的不可思議之三摩地。依靠這些三摩地，可以利益無量眾生，增上修行境界。所以，次第加行主要修煉以大悲心所引發的一切相之等持。

總之，對於現空，正等加行以修空性為主；而次第加行以修顯現——相為主。

另外，正等加行以入定的修持為主，而次第加行則是以出定後得的修持為主。此處針對這兩種加行所說的「入定」與「後得」的意思，並不是說現在內心正處於安住等持之際，則就是「入定」；除此之外行持諸等威儀之際，則就是「後得」，

兩種加行，一個以入定修持為主、一個以出定後得修持為主。但此處的入定，並不是心住於某種境界之等持。有些道友坐禪時，耳邊開槍也沒反應，一直安住於一種狀態，這是入定；從中出定以後，切菜、煮粥，行持行住坐臥諸威儀，是出定後得。這是我們平時所謂的入定、出定，但此處「正等加行是以入定為主、次第加

行是以出定後得為主」，不是這個意思。

而是指登地聖者安住於無分別智慧遠離相狀的法界之中，就是所謂的「入定」；緊隨其後的修煉一切相之等持，就是所謂的「後得」。

登地以上的菩薩安住於無分別智慧，就是此處的入定。不像凡夫，一會兒生貪心、一會兒生嗔心，總為自己的利益產生分別，住地菩薩住於空性的境界，住於無分別、離相的法界，這種無分別的狀態就是入定。正等加行主要抉擇這方面的道理。所謂後得，就是修煉一切相之等持，也就是以三摩地攝持所作所為，於一相中攝其餘諸相而修。不像凡夫，布施度難以攝持其他度，修無常難以攝持其他相，菩薩的後得，一相中可以攝持一切相。雖然八地以後入定和出定才能融為一體，但一地菩薩也能在無分別攝持下做種種不可思議的利生事業。這就是此處的後得，為次第加行主要抉擇之處。

這是結合菩薩的入定、後得，說明正等加行和次第加行。

在現階段，作為初學者，在修持正等加行之際，即使無常等（境界）在內心出現，也要將其抉擇為空性而進行修持；

我們雖是初學者，但也有權力修持《現觀莊嚴論》。那我們修持正等加行和次第加行的層次如何？二者有何差別呢？

《現觀莊嚴論總義——修行次第略說》《現觀略義講記》合刊

在我們修持正等加行時，對無常、痛苦、無我等只能一相一相修持，因為作為凡夫人，此時不可能以離一切戲論之智慧攝持而修。因此，當每一相現前時，要把它抉擇為空性而修。以無常為例，我們要這樣觀修：我的身體是無常的，你看，雖然今天我以衣服、飲食維持著它，但一段時間以後，它的肉會融入地大，水會融入水大……四大消失，只有神識隨著業力支配在六道的某一道投生。在這個修行過程中，當我們認識到身體無常的時候，對這一從內心起現的無常境界也要抉擇為空性而修。也就是說，在抉擇無常的過程中，始終要以空性智慧攝持而修，這就是正等加行的修持。不僅無常，其他相現起時，也要如是而修。

在修持次第加行之際，也要在不離空性的境界中，以依次明觀諸相的方式而令其嫻熟。

次第加行的修持也不離空性，只是在前面的基礎上，要對諸相一相一相依次明觀。首先觀身體如何無常，如何不斷變化；再觀一切感受是痛苦，整個世間都是苦苦、變苦、行苦的體性……一一觀修，在空性智慧攝持下不斷修持令其嫻熟，到了一定境界，就稱為次第加行。凡夫人的次第加行，是這樣修的。

由此可見，在修持方法上，除了一一對諸相進行修持，與將眾多（境界）聯繫起來進行修持的修持差別，以及空性與相的主次差別以外，入定與後得之間似乎並

不存在什麼差別。

在凡夫位，正等加行與次第加行有兩個差別。首先，正等加行是一相一相修持，無常、痛苦、空性、無我……一百七十三相一個一個修，這是正等加行；而次第加行是將眾多相連貫而修，這是一個差別。其次，正等加行主要以修持空性為主，次第加行則主要以修相為主，這是第二個差別。除了這兩個差別以外，正等加行與次第加行或者入定與後得幾乎無別。

因此就凡夫而言，入定、出定的差別不大，而聖者的差別很大。在我們凡夫的修持中，所謂入定，就是把無常等抉擇為空性；而所謂出定，也只是在所抉擇之空性的攝持下對相的修持。所以凡夫很難區分正等加行與次第加行或者入定與後得的差別。這一點，我們自己也感覺得到，因為初學者的入定力量確實比較薄弱。

但是，如果聖者在得道之後修持正等加行，則不需要將諸相一一抉擇為空性而修習無生，而是將境與有境二者所招致的一切現象之分別妄念，如同鹽融於水一般，將諸相清淨於無分別智慧的一體法界之中，以智慧而現前遠離一切戲論的勝義境界，這就是所謂「入定」。

得到聖者果位修正等加行時，不需要將瓶、柱等無常一一抉擇為空性，也不需要將苦苦、變苦、行苦一一抉擇為空性，而是將境和有境的執著，全部清淨於無分

《現觀莊嚴論總義——修行次第略說》《現觀略義講記》合刊

別智慧的法界之中。就像鹽融於水成為一體，分不出這是鹽、這是水；同樣，對聖者的智慧而言，「這是無常的對境，這是無常的有境」⋯⋯這種分別執著絕對沒有，而是全部住於遠離一切戲論的智慧妙力之中，這就是所謂的入定。

　　所以，真正的入定並不是閉著眼睛什麼都不想，而是將所有能取所取、妄想分別融入法界。這一點對凡夫人來講很困難，因此，未達到這種境界之前不要說大話。有些人只是聽了《金剛經》或者《大圓滿》的一點詞句，就開始說：「什麼都不執著了，我已經達到最高境界了⋯⋯」口頭上說說可以，但實際上有沒有聖者的境界？如果懷著滿心的執著：「我這樣說，別人會不會恭敬我，對我很好，對我供養⋯⋯」明明沒有證悟卻說證悟了，這樣吹牛沒有意義。

　　所以，末法時代的修行人一定要注意，是否證悟，要看有沒有聖者的入定境界。有了這種境界，哪怕你的父母當面被人砍殺，也根本不會產生嗔恨。因為一切能取所取皆已融入法界，哪會有這些強烈執著？

　　如同《華嚴經》中善財童子的諸大善知識示現各自之等持奇蹟妙力一樣，諸聖者補特伽羅即使行持布施等偉大的菩薩行為，也應以等持力而實施。這種依靠次第加行的修持，而令有相等持現前的過程，就安立為所謂的「後得」。

這是講聖者的出定。《華嚴經・入法界品》中講到，善財童子依止了五十三位善知識，而據藏文《華嚴經》記載，依止了更多的上師，包括文殊菩薩、海雲比丘、普賢菩薩等很多大菩薩。善知識們分別顯現了不可思議的等持，像光明三昧、莊嚴三昧等等，依此等持，一時間就能現前種種佛法妙力以及布施等不可思議的利生事業。

記得裡面有一位優婆夷，她是一般家庭婦女，但具有遍及諸根的三摩地。她能照見黑螞蟻、黃螞蟻打架，照見有人爬牆偷蘋果，等等。善財童子到了她那裡，知道她的眼睛能見一切色法，耳朵能聽一切聲音，六根可以同時運用。所以，諸佛菩薩善知識攝受、利益眾生的力量不可思議，在不離入定無分別智慧的攝持下，能自在無礙地行持一切。而我們一定要相信這些華嚴的玄妙境界和功德。

我經常想，上師如意寶弘揚佛法的發心不可思議，我們凡夫人無法了解；而利益眾生的每一個行為，也難以揣測密意，這就是不可思議的利生方便。所以，我們在依止善知識的過程中，對善知識的行為觀清淨心很重要！真正諸佛菩薩化現的上師，他有許許多多利益眾生的方便，就像《華嚴經》裡很多善知識的示現以及印度八十位大成就者的示現一樣。

總之，這些不可思議的利生行為都稱為後得。但這

是對聖者而言，凡夫人要裝作聖者這樣去行持，肯定不合理，就像青蛙學著老虎跳崖一樣。雖然凡夫、聖者以肉眼難以分辨，但菩薩極為希有的後得妙力和偉大行為，的確是不共之法。

雖然因為聖者的等持寂滅了一切戲論，所以不存在不同相的修持，但並不表示根本不存在一切相。比如，就像在闡釋見道頂加行之際[頂現觀品第五]，以「施等一一中，彼等互攝入，一剎那忍攝，是此中見道」所表示的，「六六三十六種波羅蜜多的自性，也就是見道」的道理一樣，三智的所有相，也是在根本定的無分別智慧中，以寂滅戲論的方式而圓滿的。

雖然菩薩的等持息滅了一切戲論，但不表示沒有相。因在頌詞「施等一一中，彼等互攝入，一剎那忍攝，是此中見道」中講，每一波羅蜜多攝入六波羅蜜多，布施具足六度，持戒也具足六度……以一剎那苦法智忍所攝之無間道，這一頂加行就是此中見道。就是說，三十六種波羅蜜多自性就是頂現觀品所說之見道。

和這個道理一樣，在菩薩入定無分別智慧中，三智的所有相以遠離戲論的方式圓滿具足。

因此，也可以將其[正等加行]安立為「圓滿覺證一切相加行」（所謂的「大圓滿」也是同一個意思）的名稱。

對正等加行，可以安立「圓滿覺證一切相加行」的

第九課

名稱。

我們要學好《現觀莊嚴論》，首先要了解三智和正等加行；有此基礎，頂加行、次第加行、剎那加行很容易理解；而法身果和事業只是加行的果以及在眾生面前的顯現，也容易理解。因此，最關鍵的是三智和正等加行的內容。

學習本論，對於智者而言，自然會理清通向佛果的道路；而就一般人而言，也可以達到兩個目的：一是種下殊勝善根，二是提高佛教素養。雖然聖者難以辨認，顯現有貪心、嗔心、嫉妒心……也可能是聖者，但是否安住在凡夫的相續，自己是知道的。所以作為修行人，一定要努力學修佛法精華——中觀、現觀等甚深法，即使今生不能證悟，甚至不能通達，也要在阿賴耶上種下一個殊勝善根，僅此也使短暫的人生具有意義了。此外，學了《現觀莊嚴論》，我們整體的佛教素養以及證悟境界會越來越高。比如世間人學物理專業，大學三、五年下來，雖然專在某個方面，但整體的知識水準較一般人要高。同樣，雖然不是聖者，但了解了聖者的現觀，對整個佛教就提高了認識，而與此同時，凡夫的習氣也會逐漸消盡，乃至漸漸獲得相應、相似的聖者境界。所以，具足因緣時我們一定要努力學這些甚深法。

不是我自讚毀他，現在學佛法的環境藏地最好。以前玄奘大師去印度，那時的那爛陀寺的確很輝煌，僧眾

逾萬，高僧大德如夜空群星。但如今，印度充斥著種種外道，除了藏傳佛教在弘揚以外，基本沒有佛教。但在藏地，整個佛法不論傳承、教言還是修行次第，可以說未受任何損害，圓滿具足。所以我覺得，藏地是世界佛法的寶庫，而世界各地的修行人如今把目光投向雪域，無疑是智者的選擇。

也不是因為我是藏傳佛教的修行人，就讚歎自己的傳承，的確是有無數修行人在藏傳佛法的修行中獲得了證悟。時處末法，不論顯宗還是密法，要懂得傳承與教言的真正密意，要對佛陀不可思議的智慧行境生起信心，從而獲得真實的理解與證悟，在如今世間非常難得！

因此，在殊勝因緣具足的時候，大家應該努力獲得這些甚深難得的教言。短暫一生裡，我們以此為來世做好準備，非常有必要。

第九課

第十課

　　正等加行和次第加行，分別是入定和出定的修法。正等加行時，以遠離一切戲論的空性境界能遣除罪障；次第加行時，依靠不可思議的等持能行持無量無邊的菩薩行。這兩種修法，對《現觀莊嚴論》或般若波羅蜜多的修學不可或缺。

　　《現觀莊嚴論》是開啟般若寶藏的鑰匙，憑藉它可以了解無邊般若法門及如海經論。所以，在學習過程中，一定要有歡喜心、恭敬心。對般若法門有恭敬心，十方諸佛菩薩也會護佑並加持你。對此，《般若經》有個比喻：一位母親有很多兒子，兒子們不論身處何方，始終都掛念著母親，因為母親對自己有養育之恩；同樣的道理，因為十方諸佛菩薩都源於般若佛母，所以對任何恭敬並護持般若經論之人，都會賜予加持。因此，哪怕我們不懂般若法義或者無緣聞思修行，但只要般若法本不離身體，世間的天尊護法、出世間的諸佛菩薩始終都會垂念並保護你。

　　所以，從現在開始我們要有歡喜心，既然般若法門難得值遇，值遇了就要希求，千萬不可妄自菲薄。我經常想：如果我們變成一個動物，再好的動物，哪怕能活一萬年，當遇到殊勝對境時牠不會生一剎那信心；見到佛像時，不說禮拜，連單手合十也無法行持；而口裡更

現觀總義講記

不可能念誦一句觀音心咒或金剛薩埵心咒。幸運的是，我們現在做了人，又學了佛，再笨也已對般若法門生了信心，可以口念咒語，手搖轉經輪……能輕易成辦許多善根。所以，此時千萬不要輕蔑自己：「我這個笨蛋、傻瓜，除了吃飯，什麼都不懂……」其實，只要我們認真學，佛教的道理並不難懂。

我看個別道友很精通世間法，口才、做事都有能力，可一遇到佛法，腦子好像轉不過來。但實際只是串習不夠，經常串習，應該不難。除了個別人由於前世沒有聞思修行導致今生有點笨以外，多數人對世間法的記憶特別清楚。比如十年前那人罵我一句，十年後還記得清清楚楚，耿耿於懷。有這樣的記性，法本上的意義為什麼記不住？應該能記住。十年前我聽過一個教證，同樣可以記在心裡、刻在心底，是一個道理。所以，你記什麼，只是串習和發願力的不同而已。

第十課

不清淨七地後得的所有如海之菩薩行為，都是依靠一切相等持而行持的，而不能在遠離相狀的法界中以一味的方式而修學，

菩薩在入定、出定時，分別修持正等加行和次第加行。入定時並非沒有相，像前面的教證[19]所說的，在入定無分別智慧中，可以圓滿三十六種波羅蜜多。這種不可思議的行境，雖然凡夫人無法理解，但在菩薩是成立

---

[19]「施等一一中，彼等互攝入，一剎那忍攝，是此中見道。」

的，就像小學生無法接受大三的知識並不妨礙大學生們理解這些一樣。

在出定時，不清淨七地（一地到七地）菩薩具有如海般的利生行為。一地時，即能於一剎那震動一百世界，度化一百剎土眾生，趨入一百剎土⋯⋯之後更是層層增上，乃至於無邊剎土利益無邊眾生。對這一切偉大的利生行為，菩薩雖然能依於一切相等持而行持，但還不能在離相的法界中，以一味一體的方式修學。

哪怕七地菩薩具足了遠離相狀的等持，但卻是具有勤作的，所以其正等加行與次第加行的修行也是分別進行的。

《入中論》云：「⋯⋯彼至遠行慧亦勝。」七地時，菩薩具有了遠離相狀的等持，但修行仍有勤作，還不能剎那起入滅盡定。所以，正等加行和次第加行只能分別進行，正等加行以入定為主，次第加行以後得為主，入定、後得尚未成為一味一體。

八地以上依靠現空無別的空性等持，在無漏法界中，依次獲得善逝佛陀無量而不可思議的一切功德及境界，依靠無相離勤之道使自他二利任運自成，這也是有寂平等性加行[20]的修學階段。

八地以上位於三清淨地。三清淨地的菩薩完全通達現空無別的智慧，此時於無漏法界中，漸漸獲得近於佛

---

[20]有寂平等性加行：即生死涅槃平等性加行。

陀無量無邊不可思議的功德和境界。那時的修行是無勤的，就像人在河中自然順勢而去一樣，菩薩於無勤中圓滿自他二利，一切功德、事業任運自成。

不像我們，為了利益眾生冥思苦想，又要勤作又生苦惱，你要利益他，但他不聽話、誤入邪道……很多不順，很多困難。乃至八地以下的菩薩，後得時的利生、修學都有勤作。而到了八地的時候，一切都自然而然，雖未獲得圓滿功德，但與佛相似的境界已經出現了。那時候，可以修持生死涅槃平等性加行，進而現前一切功德。

從此以後，正等加行與次第加行無二無別、彼此融合，並在最後有際無間道㉑中，究竟無漏界諸相之殊勝功德。

此時的入定與後得無二無別，所以正等加行和次第加行也是無二無別。在此之前，道諦、滅諦分開，而現在也是無二無別。智慧與悲心、等持與妙慧……也都自然而然融為一體。到了十地末尾之無間道，依靠金剛喻定摧毀三有一切障礙。那時，一切諸法得以清淨，一切功德得以圓滿。

在將執著二諦相異的十六種爭議無餘斷除之後，入定與出定、正等加行與次第加行的修持便成了無二無

㉑無間道：即無礙道。斷除自道應斷障蓋，為正對治；別無間隔，直接生起自果後智。

別，智慧與等持也徹底平等，剎那加行的智慧也由此而現前。

十地末尾時境界深奧，將十六種爭議斷除之後，入定與出定、正等加行和次第加行……所有功德完全融為一體，無法分開。那時候，剎那加行的四種相可以現前。

另外，雖然在《賢劫經》與《三摩地王經》等眾多經籍中，列舉了數不勝數的菩薩行為，並以平等、廣大等等的等持方式而宣說了這一切，但這些也都是涵攝於次第等持[次第加行]之中的。

在《賢劫經》、《三摩地王經》[22]等經典中，列舉了許多菩薩利益眾生的不可思議境界，比如以布施利益眾生，以持戒利益眾生……而這些最終都歸結在平等廣大的等持中，像《三摩地王經》所說的「諸法體性平等無戲論等持」，以及《賢劫經》所說的「了諸法本三摩地」。

以前上師如意寶講《文殊大圓滿》時說過：《三摩地王經》列舉了十萬個等持。也有些經典宣說了八萬四千等持和陀羅尼法門。而這無量無邊的等持，全部可以涵攝於次第加行，也就是說，菩薩出定利益眾生的等持，都能以次第加行來修持。

因此，想要了解大乘經典的究竟密意，依《現觀莊

現觀總義講記

_____
[22]漢譯為《月燈三昧經》。

嚴論》進行修學是不可缺少的。藏傳佛教歷來重視五部大論，尤其是《現觀莊嚴論》，學的時間較長。雖說短短時間要通達如來最殊勝之密意有一定的困難，但至少我們也要播下般若法門的種子，而前世有緣的利根者，即生也能通達法義。

　　學了這部論典以後，再看《般若經》、《三摩地王經》等大乘經典論集，應該不困難；否則，只是望文生義去理解，恐怕難有收穫。

　　至於修持正等加行與次第加行的必要，則是因為：如果不修習修持諸法空性的正等加行，則無法獲得斷除二障習氣、證達諸法平等的佛果；如果不修習自在後得一切所知的次第加行，則無法獲得因現前一種無漏之法，從而現前一切萬法的遍智。

　　修兩種加行的必要是什麼？勝義中，將一百七十三相抉擇為遠離四邊八戲的空性；世俗中，以每一相的差別、本體互不混雜的方式觀修，這就是正等加行的修行。不修持這一加行，就無法斷除煩惱障、所知障及習氣，並證得萬法空性的究竟佛果。所以，對每一個想獲得佛果的行者來講，正等加行的修持非常重要。而不修次第加行，也得不到遍智佛果，因為現前一種無漏法即能現前一切萬法的遍智，必須依此加行才能獲得。所以，對我們後學者來講，這二者非常重要，離此則無佛果可得。

第十課

我們修學佛法，不可只停留在人天果報的境界。「善有善報、惡有惡報」的確重要，但人生短暫，遇到了難得值遇的空性法門，卻不以勤奮增上善緣，那在未來的生生世世何時再能遇到，很難講了。我們知道世間人重視教育，孩子讀了小學，將來有條件一定讓他讀大學。為什麼？小學知識雖能脫離文盲，但誰會讓他停在這個層次上？同樣的道理，修行人不求佛果，卻始終停留在人天因果及簡單的法理上，太可惜了！既然一生短暫，所以希望我們每個人都能希求並趣入更深的法門。

正如《寶性論》所云：「總攝其義而宣說，客塵煩惱得清淨，乃無分別智之果；確定無疑將獲得，殊勝淨妙之佛身，乃為出定智之果。」

總攝上述意義而宣說，客塵煩惱得以清淨，乃是入定無分別智慧之果，也就是說，以修持正等加行能遣除煩惱、所知等一切障礙，最終獲得佛果；勝妙佛身，或者說遍知一切萬法之遍智果，是於後得修持次第加行之果。

綜上所述，作為獲取究竟佛果二身之因的大乘道之究竟修持，也就是正等加行與次第加行，所以，我們應當妥善地分析明辨由正等加行與次第加行所涵攝的空性與大悲、智慧與方便、道與地、見道與修道、甚深與廣大、智慧與等持、所斷與所證、如所有智與盡所有智、法身與色身等眾多之法，有些是本體為一體；有些是同

類；有些只是所占份額大小的區別；有些又成了因果關係的這些道理。

總之，獲得佛果的唯一因——大乘道之修持，就是正等加行和次第加行。由此可知，其實二加行已涵蓋了空性與大悲、智慧與方便等一切大乘法門及如海功德。

如何涵蓋呢？有些以本體為一體的方式，比如正等加行與空性、智慧或者見道本體無別；有些以同類的方式，比如正等加行與空性、甚深同類，次第加行與大悲、廣大同類；有些是所占份額大小上的區別，比如正等加行以修空性為主，次第加行以修大悲為主；而有些是因果關係，比如以正等加行為因，可以清淨所斷、成就法身，以次第加行為因，可以獲得所證、成就色身。

能通達二加行及上述涵蓋之理，則對大乘無邊法義輕易可知。

在資糧道與加行道之際，因為自相續被實有的耽執，以及業與煩惱所束縛而無法解脫，所以應當以修持空性的正等加行為主；在登地之後，則因為應當以行持他眾之利為重點，所以應著重修持作為遍智之因的次第加行。

在資糧道、加行道的修持中，作為凡夫，仍然被自相續的我執、煩惱所束縛，所以此時的主要修持，是抉擇萬法空性的正等加行。依靠正等加行，可以摧毀無始以來束縛相續的我執。因此，凡夫主要修空性，這非常

第十課

關鍵！不懂空性，表面做些利生的事，還是不離自私自利之心，因為不破我執，內心始終不會清淨。

而得地以後則主要行持利他，因為證了空性，利他就不會退轉。而要利他，則應修持次第加行以獲取遍智。帕丹巴尊者說：真正要度化眾生，最好是得地菩薩。因為一旦得地，自私自利心完全被拋棄，那時候，利益眾生的心清淨，行為也圓滿。和聖者相比，凡夫雖有利他，但只是相似的。我們每天也做些事，是利益眾生，但仔細觀察，其實有無數念頭是為自己，心並不清淨。

總之，資糧、加行道以正等加行為主；一地以上以次第加行為主。

至於「在獲得頂加行之後，便修習次第加行」，以及「彼極彼漸次」所表達的含義，也是與這些論述相符的。

按《現觀莊嚴論》的教義，先修正等加行，達到頂點是頂加行，頂加行之後再修次第加行；而頌詞「彼極彼漸次」的意思，也是先修正等加行，再修頂加行，之後修次第加行。二者表達了同一個意思：先修正等加行，再修次第加行。正等加行以修空性為主，次第加行以修大悲為主，其實這和上面的論述是相符的。

㉓帕丹巴：出生於印度南方，曾依止蓮華生大士、龍猛菩薩等五百位上師獲二殊勝成就，住世五百七十一年，後於藏地弘揚佛法。

所以，從本論的次第來看，在凡夫位時先修空性；我執減輕了，自然會引發利益眾生之大悲，因為空性、大悲本來無別。而此時利益眾生之心很清淨，和凡夫不同。

有些人認為：所謂「如同虛空一般的遠離戲論、超越思維的甚深空性」境界，只是屬於聖者等補特伽羅的殊勝之法；而三轉法輪的經典，以及闡釋其密意的論典中有關行為方面的論述，才是屬於初學者的法。

有些人認為：像虛空一樣遠離一切戲論的空性境界，凡夫人無法了解，只是菩薩的行境；而三轉法輪的經典以及龍猛菩薩、彌勒菩薩的論典中所講的如海菩薩行，才是初學者的修法。華智仁波切對此觀點非常不滿，下面進行遮破。

第十課

像這樣的說法，只是顛倒地理解了諸佛菩薩自宗見解的謬論而已。比如說，對正在吃糖的人，有什麼必要向其講述糖的滋味？還有，為前一天晚上出生的嬰兒，即使陳設出精心烹製的由美味珍饈組成的宴席，又會有什麼價值呢？

其實他們未通達諸佛菩薩的密意，已經錯解了聖者的教義。華智仁波切在此說了兩個喻明：正在吃糖的人，給他講糖是甜的，糖怎麼好吃……完全是多此一舉；剛剛生下的孩子，在他面前擺上十幾樣菜，也沒有意義。

同理，對於甚深空性已經現前的聖者，又何須為其

宣講甚深之義？

　　對方說佛陀二轉法輪的甚深教義是對聖者講的，但聖者已經通達空性，再給他講空性有什麼必要？就像給正在吃糖的人講糖的味道一樣，沒有必要。

　　而作為尚未現見見道法性，尚未修持修道等持的補特伽羅，不要說獲證不可思議行跡的諸大菩薩的偉大行為，哪怕僅僅修學真正的大乘道六波羅蜜多，也是無能為力的。

　　而對凡夫講廣大的菩薩行，意義也不大。因為凡夫未得一地見道，也未生起二地至十地的修道，即使對他宣說菩薩的如海行為，比如無量無邊的三摩地或者六波羅蜜多的種種行持，也無法真正受持。所以自宗認為：因為初學者執著深重，所以先對他宣講空性；通達了空性，自然可以任運行持利益眾生的菩薩行。

　　當然，不是說初學者根本不能行持六度，而是說，圓滿、合格的六度無法行持，相似的可以。比如六度中最簡單的是布施度，但凡夫人能不能以三輪體空或者圓滿具足一切條件去行持呢？一瞬間也做不到。所以，理解經義時一定要有智慧，這樣不至於誤解。

　　關於這一點，僅從「消除布施之違品，擁有無分別之智，圓滿達成一切願，成熟眾生之三乘」[24]等描繪六度

____

[24]藏譯：壞施之障分，具無分別智，令諸願圓滿，成熟有情三。唐譯：分別六度體，一一有四相，治障及合智，滿願亦成生。

法相的言詞中也可以了知。

這是《經莊嚴論》裡的教證。以布施而言，真正的布施要具足這些條件：第一、消除布施的一切違品，一地菩薩布施時毫無吝嗇心；第二、擁有無分別、三輪體空的智慧；第三、要能滿足希求者的一切願望，就像佛陀在因地時，將自己的身體布施給眾生一樣；第四，以三乘佛法成熟不同根基的眾生。而這些條件，凡夫人都做不到。連具有法相的布施度也不能圓滿，持戒度、安忍度等更談不上了。因此，對方所謂「初學者要行六度而菩薩才修空性」的說法，是不合理的。

當然，雖說不能圓滿行持，但也不能說完全不能行持。其實在資糧、加行道時，可以相似地修空性、通達空性，也可以相似地行持六度，乃至對大圓滿，即使未得七地甚至只是凡夫，也可以相似了知，並以此斷除自相續中的分別和執著。否則，如果某些人的說法真實可靠，那麼在佛陀的經典中也應有明確記載：只有一地菩薩才可以修空性，只有七地菩薩才可以修大圓滿……但任何經論都沒有這樣宣說。因此，我們根據自己的根基，現在就可以修煉空性、行持利他。

第十課

第十一課

昨天講了，只有證得空性境界，才能圓滿地以布施等饒益一切有情。

還有一些人認為：「在證達空性之後，就不再需要修學各種偉大行為了。」

有些人認為：行持布施、持戒等六度萬行就是為了通達空性，一旦證達空性，就不需要再行持菩薩行了，因為沒有必要。下面駁斥。

上述這種說法，也是以謊言所作的蒙蔽欺騙之說。因為只有證達了空性，才能修學各種行為；如果尚未證達空性，又怎麼可能修學各種行為呢？

對方的說法，完全是蒙蔽他人的謊言。因為只有證達一切萬法空性，才能真正修學六度並利益眾生。也就是說，真正要利益眾生，從一地開始。而未證悟空性的凡夫，只能相似地利益眾生。相似地布施、持戒、安忍⋯⋯凡夫位有，但凡夫的我執未斷，所作所為都帶有「我」的成分。既然一切以「我」為中心而造作，發心就不清淨，行為也有染污。所以從表面看，凡夫似乎也有強烈的利他心，但他的內心仍然深埋著嚴重的自私心。當然也有例外，像阿底峽尊者的上師達瑪日傑達，在凡夫位時就能布施身體；少數形象上的聲聞行者，由於前世發過大心，也能做出利益眾生的偉大事業。但這

只是少數，對大多數人而言，未得一地果位之前，真正以清淨心利益眾生是做不到的。

所以，只有證悟之後才能圓滿利益眾生；沒有證悟，就不能真正行持利他。

這就像尚不能在床榻上站立的嬰兒，又怎麼可能在觀眾當中舞蹈一樣。

剛剛降生的嬰兒還不能爬、不能站，要他跳舞，根本不可能。凡夫修行人剛發菩提心入於小資糧道，此時要他以清淨心饒益有情是不可能的，就像讓這嬰兒跳舞一樣。所以，我們稍有一點利他的心或行為時不能傲慢，因為在諸佛菩薩眼裡，這些微薄的利他事業並不圓滿。

如果又有人認為：證達空性之後，又如何行持諸行呢？因為行持布施等行為，只不過是為證悟空性而已。

又有人認為：證了空性，還要怎樣行持？行持六度還有什麼用？行持布施等六度就是為了證悟空性，沒有必要證悟空性之後再行持。

（這種說法，）只是對大乘道的共義一竅不通，並將劣乘之道誤執為大乘的表現而已。

對方這樣說，也說明他對大乘教義一竅不通，甚至把小乘道看作大乘道了。這個問題很普遍，尤其在如今，或許很多人都是如此，所以一定要仔細觀察自己的相續。否則，雖然從小出家或已學佛多年，也自認為是大乘行人，但以此衡量，可能還未步入大乘之門。

雖然情有可原，但事實的確是這樣。

雖然這些行為情有可原，但事實是如此。

因為，在該論頂禮句中「諸樂饒益眾生者，道智令成世間利」一句已經表明，諸大菩薩所嚮往的究竟之義，應當是他利。

本論的頂禮句中說：想饒益眾生的菩薩，以道智能成辦此利。由此可知，作為大乘菩薩，他唯一嚮往的是利益眾生，除此之外不再有任何其他的事。道友們都發了菩提心，可以稱為菩薩，因此所作所為要想到眾生，不要把自己的事看得太重。

依靠如海的布施等行為方便，去滿足無邊眾生的願望，才是大乘道的正行。

布施等是利益眾生的方便和手段，依靠這些滿足一切眾生的所願，才是大乘道的正行。

有些人學佛只是為了治病、發財，好一點的，為了去極樂國土享受法樂，遠離痛苦。問他：「你為什麼念佛？」回答：「為了往生極樂世界。」「往生極樂世界幹嘛？」「我要斷除一切痛苦，輪迴中麻煩事太多，我不願意接觸，所以要去極樂世界……」其實這是小乘道。小乘道只欲超離三界輪迴的煩惱痛苦，證羅漢果、得寂滅樂。所以那些自稱是大乘的修行人，如果念佛、參禪只為自己的快樂與解脫，則同於小乘，因為不想眾生利益的修行根本不是大乘。

華智仁波切的竅訣很珍貴，我們的確要認清目標。目標不清，即使你花再多的時間、錢財和精力，最終只能得到小乘果，甚至只是世間的果，太可惜了！所以，沒有善知識以及殊勝論典的引導非常可怕！我們一定要記住，大乘修道的正行就是利益眾生。

但如果在此之前尚未現證空性，則會因為沒有通達自他平等，從而無法使行為成為清淨之行（，所以才會有證達空性的前提要求）。

既然利益眾生才是正行，那證悟空性的意義何在？答：證悟空性才能利益眾生。不證悟空性，就不能圓滿自他平等、自輕他重以及自他交換菩提心的修行，而且利他行為也無法清淨。因為始終有「我」的執著，凡夫人不會選擇利他，只會利己。一旦證悟了萬法皆空，從此就有了真實的利益眾生。因為悲心和空性相輔相成，有了空性境界，大悲心自然會出現。

由此可見，現證空性僅僅是諸大佛子偉大行為的前行而已，又怎麼能將其作為大乘道最究竟、最主要的追尋目標呢？

所以，證悟空性只是菩薩利益眾生的前行，是個前提條件。過河要船，砍柴要斧頭，而利益眾生要有空性境界。就像砍柴的斧頭，斧頭不是目的，目的是要把柴砍好；同樣，證悟空性只是前行，並不是大乘道的主要目標，目標應該是利益眾生。

這個道理，可能很多人還不知道。漢傳佛教中有人參禪，藏傳佛教中有人修即生成就法，他只想開悟，「我要開悟，我要開悟……」但你開悟的目的是什麼？他不知道。實際就是利益眾生。而開悟只是途徑，因為不開悟就不能圓滿利益眾生。這些教言我以前也引用過，而現在直接學了華智仁波切的金剛句，希望大家一生都不要忘！作為一個修行人，利益眾生並不是小事，而自己獲得寂滅或證悟，也並不重要。

現在很多人求密法，要即生成就，但究竟只是想得到一種快樂。其實這就像現在人讀書、上大學、找工作，只是為了成家、享受世間快樂一樣。所以他們的目標錯了，因為學佛的真正目標是利益眾生。而要利益眾生，未證空性、未成菩薩、未得佛果就不能圓滿行持，所以我要修空性、求佛果，應該這樣樹立目標。

正如《經莊嚴論》所云：「現證法性已，隨學殊勝戒，勝定及勝慧。」

這裡是說，證悟法性以後再修學殊勝戒定慧三學，以此利益有情。所以究竟而言，戒定慧也是利益眾生之方便。

另外，在宣講菩薩分類的時候，也將不清淨七地的菩薩，稱為「住行者」。

還有，因為利益眾生很重要，所以宣說菩薩分類時，不清淨七地的菩薩叫「住行者」。雖然跟八地乃至佛

陀相比，對利生的行為仍有執著；但跟資糧、加行道的凡夫相比，不清淨七地的菩薩已經證悟空性，能直接行持利生事業，一剎那能度化無量眾生，所以叫「住行者」。

我們初學者執著粗大，不能真實利益眾生，這一點前面已說過。表面上利益眾生，講得再漂亮，內心還是有我執魔。它的頭不明顯，也只是我們觀察不到，實際在每個凡夫人的心裡，它都深深地隱藏著。所以，如同不淨糞不可能有香味一樣，凡夫人不可能有清淨的利他之心。

如果有人就此認為：由此可見，行為只是針對修煉自心而言，才有一定必要，卻並不是大乘道的究竟目標，

有些人認為：利益眾生的行為，只是令自相續得以清淨、成熟的一種方便。如寂天論師說：「為修自心撰此論」，同樣的道理，行為也只是為了修煉自心，並不是大乘的究竟目標。

因為佛在一些契經中也說過：直至未獲八地之前，諸佛未予我授記，因住於諸行之故；獲證八地之後，因真實超離於諸行，故方予我授記。

這是對方的理由。未得八地，諸佛還沒有給予授記，為什麼呢？因為不清淨七地住於諸行之故。對方的意思是說：如果利益眾生的確重要，是究竟目標，那麼不清淨七地的利生行為已經很殊勝了，理應得授記，為什麼不得？而「住行者」之所以不得授記，就是因為這

第十一課

些菩薩還有利益眾生的行為；八地以後之所以得了佛的授記，也正是因為他超離了利益眾生之行為。由此可見，利益眾生並不重要，最重要的是修煉自己的相續、證悟空性。

但這是不對的。

這些說法的內在含義是：如同前面所說，因為七地以下不存在無相離勤之道，所以無法令無分別智與利他之行並行不悖，由於還保留著一部分對行為的細微實執，因此，才會稱之為「住行者」；獲證八地之後，因無相離勤的境界現前，便自然而然地遠離了對行為的細微耽執，所以才會稱之為「超離諸行者」。

這是在解釋對方所引的教證。七地以下尚未離開一切勤作與相執，一方面安住無分別，一方面饒益無量眾生，這樣的境界七地以下還沒有，因為七地以下的菩薩還有對利生行為的細微實執。在七地之前，遍計二障已經斷除，只有俱生二障，按有關經論，此時不可能有像凡夫一樣的實執，所以這裡的實執是指微細相執。因為還有相執的緣故，才叫「住行者」。而八地以後煩惱障全部斷除，只剩一些細微的所知障。此時現前了無相離勤的境界，遠離了對行為的細微耽執，所以稱為「超離諸行者」。

正當此時，因為擔心如果入於無分別之寂滅法界，則會成為斷滅的涅槃，所以才會有「諸佛再三勸請其利

益他眾」之說。如果行為不是最究竟的目標，（諸佛）又何必去勸請呢？

按有關論典，八地菩薩不會入滅而不再利眾，所以，「諸佛勸請」的說法只是假設。說諸佛不勸請，八地菩薩會入滅，所以諸佛發光勸其出定利益眾生，這只是要說明利益眾生極為重要。如果利益眾生不是最究竟目標，又何必勸請？勸請了，就說明這件事最重要。

同樣，即使身為凡夫，有了些穩固的境界也要盡心利益眾生，雖然不能圓滿地做，但也要盡自己的力量。因為這是大乘的根本，比證悟空性乃至得到任何境界都重要。我們也想一想：從我學佛到今天，目標是什麼？想成佛的念頭大多數人有，但成佛以後做什麼？可能不去想。也許有人想成了佛好享樂，但只為自己享樂不對，一定要糾正過來。

如果有人又認為：假如布施等行為不是為了證達空性而修學的，那豈不是與《入行論》中所說的：「此等一切支，能仁為慧說」的意義相悖了嗎？

有人認為：布施等行為是為了證悟空性而說，因為《入行論・智慧品》云：「此等一切支，能仁為慧說。」「一切支」是從布施到禪定之間的五波羅蜜多；「為慧說」指為得智慧波羅蜜多而說。那這個教證怎麼解釋，難道不相違嗎？

此處所說的「慧」，是陳那論師所說的：「智慧度

無二，彼慧即善逝」中所指的諸佛無二之智慧。

這裡的智慧，不是凡夫智慧，也不是一地菩薩的智慧，而是諸佛所證悟的如所有智和盡所有智，也就是陳那論師所謂的果般若——佛陀的無二智慧。所以，布施持戒等五波羅蜜多，都是佛陀為了讓菩薩證得佛果而宣說的。

正因為如此，所以在《入行論·智慧品》中認定智慧本體之際，以「何時實無實，悉不住心前，無有餘相故，無緣最寂滅」而將智慧認定為遠離戲論之法界以後，為了駁斥「這樣一來，則應成不能產生利他之色身」的爭辯，才緊接著又說道：「摩尼如意樹，無心能滿願，由昔發願力，顯現諸佛身。」

所以，《入行論·智慧品》講智慧本體時說：何時有實無實都不住於心前，再無其餘任何之相，至此無緣最為寂滅的境界就是遠離戲論之法界。有些論師將其解釋成一地菩薩的境界，而華智仁波切解釋為佛的境界。

有人懷疑：沒有任何相，那會不會墮入寂滅邊而不顯現色身饒益眾生呢？為了斷此爭論，才緊接著講了「摩尼如意樹」一頌：摩尼寶和如意樹雖然無心，但卻能滿足一切眾生的心願；同樣，雖然遠離分別執著，但以往昔之發願力，可以顯現佛身成熟有情。

如果有人認為：即使這樣，大乘道的主要目標，仍然應當是證悟無我的智慧。因為大乘道的追尋目標，是斷除

169

二障的佛果，所以就必須現前甚深之智慧[無我的智慧]。

　　有些人還在堅持：即便事實如此，但大乘道的主要目標，還是證悟無我的智慧。為什麼呢？因為我們學佛法就是要斷二障、得佛果，而只有無我智慧才有此威力。所以，利益眾生不重要，證悟無我才是目標。

　　你這是怎麼了？！難道還想死抱著將劣道誤執為大乘的惡分別念不放，並因此而大肆叫囂嗎？（你要知道，）大乘道的追尋目標，並不是斷除二障的佛果，在本論頂禮句中「諸佛由具種相智，宣此種種眾相法」的意思，就是為了說明「諸佛補特伽羅依靠遍智之方便，其果即為轉妙法輪」，

　　有些人口口聲聲說是大乘行者，卻一直抓住小乘觀點不放。但我們應該知道，如果所行的是大乘道，那麼目標並不是佛果。如本論頂禮句所說的：諸佛依靠遍智為眾生轉法輪。由此可知，成佛的目的並不是得一個智慧就夠了，而是獲得遍智以後轉法輪饒益有情，這就是《現觀莊嚴論》的究竟意義。

　　所以，我們的錯誤觀念需要修正。有些學藏傳佛教的人，他修密法只想成就以後沒有痛苦；而有些學淨土的人，也只是考慮往生的品位高不高……他們都不提利益眾生。至於開悟、往生以後做什麼，從來不考慮。其實這是不合理的。因為從大乘的教義來看，往生淨土、證悟密法只是途徑，最根本的目標還是利益眾生。為什

麼彌勒菩薩要頂禮遍智？就是因為，只有具足遍智才可以轉法輪、隨機施教、利益無量眾生。所以，遍智也是方便，般若波羅蜜多的究竟果唯一是利益眾生。

沒有不轉法輪的佛陀，也沒有不出定利益有情的八地菩薩。所以，我們依止上師學佛法，當有了一定境界的時候，一定要轉法輪。這才真正實現了上師培養你的目的。

如果（大乘道的）究竟追尋目標是佛果，那又何必需要什麼果呢？

如果大乘道的究竟目標是佛果，那又何必要轉法輪的果呢？比如我的目的是去拉薩，那麼到了拉薩，也就不用做其他的了。但實際上，我們到了拉薩都要做點事情。同樣的道理，成佛不是究竟的目標，利益眾生才是究竟的目標。

顯而易見，無論從暫時還是究竟兩方面而言，大乘道的主要追求目標，都是利益他眾。

這句話大家一定要記住！從暫時到究竟，菩薩行持大乘道，目標都是利益眾生。哪怕是暫時的善根和境界，也要迴向眾生、利益有情。我們都發願成佛，但成佛並非什麼都不用做了。有人求往生極樂世界，只想到那裡靠阿彌陀佛願力自然顯現的一切快樂生活，但到了那裡，你證得菩薩果位以後，就會被派到各個世界去利益眾生。

第十二課

前面講了，無論暫時還是究竟，大乘道的目標就是利益眾生。暫時在資糧、加行道以及五道十地，利益眾生最為根本，乃至究竟成佛，利益眾生也是最根本的。因此，從現在開始，我們應該這樣想：我學習佛法，就是要讓世間眾生獲得無上安樂。

我們學佛法，最初的緣起不能錯亂，緣起錯了，一切就偏了。比如一個人從小為了自己的生活而讀書，將求學乃至一切精力和時間都用於此，到了最後，所實現的也僅此而已。現在人學佛法，多數的目標都錯了。你念佛不錯，參禪不錯，聞思修行也沒有錯，可是目標錯了。很多人求生淨土，目的是自己去享樂，這樣的目的，無論付出多少精力和時間也不會圓滿。可能他並不知道極樂世界到底在哪裡，是在三界以內？還是三界以外？他只想獲得一種快樂，遠離世間的苦難。但這不是大乘發心，甚至也不是小乘發心，所以，這不是真正的修行。

因為很有必要，所以本論反覆地講，大乘佛法所追尋的目標唯是利他。而我們也的確需要反觀自心：我的修行目標到底是什麼？空閒的時候，行住坐臥當中，只要再再檢點，自私自利的心會漸趨薄弱，而利他之心會越來越強。

所以，心的調整需要一個過程。就像難陀尊者，最初也沒有出離心，後經佛陀加持才對整個三界生起厭離。而學院的有些出家人，實際也是在擺脫了最初的想法以後，才真正步入了出家行列。聽說有的人因為跟家人吵架太多，不想再吵了，於是剃頭出家。雖然最初是這樣一種因緣和發心，但現在學了大乘佛法，也已經將利益眾生作為目標，真正修習大乘法了。

　　成辦這一切的真實方便，在學道之際，是布施等菩薩行為；而在果位之際，則是佛陀的事業。

　　利益眾生的真實方便，有學道時是行持布施、持戒等六度萬行，以滿足眾生所願，這是道位的行為；在果位時，則是以佛的二十七種事業將眾生置於果位、道位以及種下菩提種子。

　　因為此二者的前行或者主要能成之因是智慧，所以（在經論中）才會有「智慧最勝，智慧首要」之說。

　　道位、果位的前行或主因，就是空性智慧。就像軍人取勝沙場離不開武器一樣，道位的六度萬行以及佛位的圓滿事業，都不離智慧波羅蜜多，而即使是凡夫的利生行為，也要以對空性有所認識作為方便。

　　智慧是一切聖行之來源，故佛陀極讚般若，也留下了《羅羅讚般若經》、《光讚般若經》等讚文。

　　《般若攝頌》云：「布施之施前行乃智慧，持戒忍辱精進亦復然，為令善法無失當遵循。」

《般若攝頌》說：布施度的前行是智慧，乃至持戒、安忍、精進、禪定也是如此，所以，為令善法不唐捐，要以智慧波羅蜜多攝持而行。有人想：智慧度在最後，為何是五度的前行？因為要圓滿布施、持戒等，必須證悟空性，以第六度攝持五度才能圓滿，所以智慧度是前行。

又云，「無量盲人無引導，不能見道入城郭，闕慧五度無眼等，無力能證菩提果。」

這個教證，講《入中論》等經論時都引用過。意思是說，無量盲人如果沒有引導者，則不能見道路並進入城市。同樣，缺少了智慧度眼目的引導，其他五度無力證悟圓滿正等菩提。

可知，智慧就好比盲人的引導者，所以稱之為前行。

盲者要人引導才能向前，而五度也只有在智慧的引導下才能圓滿，否則會流於形象。我們也看得出來，沒有聞思過般若波羅蜜多的人，作布施等任何善法都伴隨著強烈實執，而不離實執心的善法就像雜毒的食物一樣，不會清淨、圓滿。這也是《般若經》的比喻。

雖說《現觀莊嚴論》主要闡釋聖者的境界，但凡夫也可以從中了知般若和菩提心的重要，這二者——智慧與方便，就是趨向佛果的正道。《般若經》有個比喻，一百二十歲的老人，沒人扶著就到不了目的地，有兩個人扶著，就可以去；同樣，學習佛法，不以信心、菩提

心之方便以及空性智慧攝持，方向不會正確，容易誤入歧途，有了這二者護持，一定能到達佛果。

也就是說，首先令證悟空性的無分別智慧在相續中生起，然後行持由布施開始的種種如海之菩薩行為，在無量劫中，都以利益他眾的行為為己任，依靠圓滿、成熟、修煉的方式而現前真實空性（行苦完全寂滅的法界），才真正是無有錯謬的道之關聯。

我們先要證悟空性生起無分別智慧，之後從布施開始行持如海的菩薩行，就像世尊因地一樣，以利生為己任，曠劫行持。而在此期間，因為證悟空性，自私自利心消失，所以布施等得以圓滿，並於無量劫中行持亦不退轉，最終依靠圓滿資糧、成熟眾生、修煉剎土等現前真如，這才是無謬的道之關聯。

當然這是聖者的修行之道，聖者的利生以證悟空性為方便；而作為凡夫，要證悟空性，卻應以發心利生為方便。雖說凡夫利他的背後始終隱藏著骯髒、如毒般的私心，而此雜染也決定是究竟道的障礙，但以菩提心攝持的利他畢竟是向上的行為，以此能積累無邊資糧，從而成為證悟空性之助緣。

如果有人認為，既然證悟空性才能利他，是不是一地以後再發心也不遲？並非如此。因為資糧、加行道的發心雖有瑕疵，但完全能利他。而且按顯宗說法，登地前要一大阿僧祇劫的修持，一大阿僧祇劫中不發心、不

利他，一地菩薩才開始，這種說法有問題。因此，從現在開始我們就應發心並串習利他，否則即使證悟，也只能是小乘空性，而到時也很難去利他。就像我遇到的幾個藏族大學生，他們從小沒學過英語，上了大學才開始，那時學起來不習慣，也非常困難。所以，雖然凡夫位時不能圓滿利他，但只要把利他作為主要目標慢慢熟練，一旦登地，之前強烈的利他心願就能圓滿實現。那時布施身肉也像布施菜葉一樣，沒有困難。

經論教義要這樣解釋。否則看到「先證悟再利益眾生」，就認為一地之前不用發菩提心，還引用華智仁波切的教證說明，顯然不合理。

另外，依照宣說六度次第之際所說的：「無視受用則持戒，嚴持淨戒則忍辱。」則可以將（六度）視為前後的因果關係；

另外，按照六波羅蜜多自身的關聯來看，首先是不關心自身受用，願意布施眾生；布施圓滿可以持戒；持戒圓滿可以安忍；安忍圓滿可以精進；精進圓滿可以修禪定；禪定圓滿可以修智慧。這是凡夫修六波羅蜜多的次第。

以「皆因以布施而成辦諸受用，持戒投生善趣修持斷諸惑，以慧可棄煩惱所知諸障故，此殊勝法之因即為勤聽聞」等等之說，

這一教證說明，所有功德之本是聽聞。

以布施能成辦一切受用，即生布施，則生生世世受

用圓滿、富貴，這是布施的因果；持清淨戒可以轉生人天善趣，這是持戒的因果；以修持可以斷除自相續的粗大煩惱，這是修行的因果；以智慧則能盡除煩惱障和所知障，這是智慧的因果。而這些功德的最根本因，即是精勤聽聞佛法。不聽聞，怎樣布施、怎樣持戒、怎樣修行、怎樣生起智慧，就不會懂。

因此，聽聞是最重要的。許多人不知大小乘差別，不知布施、持戒差別，只是望文生義，以分別念解釋經文，結果完全相違。所以，先到廣聞博學、具有修證的善知識前聽聞如海經論，非常重要。我們都想修行，但不聽聞，即使念咒、轉繞做了很多，也不能趣入真實修行。對如何修法，之前怎麼想，之後怎麼想，中間如何安住行持，聽聞了才會清楚。那時候，自己會修，也能引導別人。而不聽聞佛法，一上來就閉關實修，肯定出問題；即使是布施、持戒，也難以圓滿。因此，首先要多聽佛法。

當然，光是聽經聽論，不會處理事也不行。世間上有種書呆子，講得來、做不來，很可憐。作為佛教徒，在學法傳法的過程中，也要懂為人處世的基本道理，不但要懂，還要做出來。有些法師中觀講得清楚明白，卻處理不了兩個人的矛盾；教證引個不停，卻不會和農民交談。所以，如果真想將佛教傳播於社會、融入於人心，一定要有智慧和方便，還要懂得溝通。

知識是慢慢存入相續的，而倒出來運用也需要一個訓練過程。所以，想傳播佛法的道友一定要有這方面的考慮，並漸漸實行。剛開始的時候我也只是聞思修行，沒有瑣事，覺得這樣與世隔絕最好。但後來也體會到，佛法的確是甘露，所以不但自己要吃飽，還要與眾生分享。當然，讓眾生分享，自身也需要一種鍛煉，沒有鍛煉，一下子可能難以適應。所以，希望大家在這方面盡力掌握一些方便。

而將（六度）說成勝劣差別的意圖，是針對凡夫地（所作的）布施等行為而言的，前面所引用的《入行論·智慧品》中的教證㉕，也可以這樣進行解釋。

緊接著前面，說六波羅蜜多有勝劣差別，智慧最勝，布施最劣，這是針對凡夫地的行持而言。而前面《入行論》的「此等一切支，能仁為慧說」，也可以這樣解釋。也就是說，凡夫人行持布施、持戒等，可以在將來證悟智慧波羅蜜多，這就是方便在前智慧在後。先是覺得眾生可憐，為了利益他們，該布施布施，該持戒持戒，該忍辱忍辱……能行持的都去行持；而依靠這些行持，最終證悟空性。如本論所謂：「發心為利他，求正等菩提。」

此理易說，但實際上，即使修無上密法也有很多人只為了自己解脫之樂，對其他眾生從不考慮。但這種發

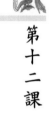

第十二課

㉕《入行論·智慧品》中的教證：指「此等一切支，能仁為慧說」一句。

心不清淨，所以一定要改正。

因此，在資糧道與加行道期間所修學的布施等修煉自心的積累資糧，只不過是令甚深見解在自相續中生起的因法，而並不是在行持菩薩佛子們的廣大行為，所以這一切談不上是真正的六度。

資糧、加行道的布施等六度只為修煉自心，讓自相續生起甚深空性的證悟。由於此時尚未證悟，所以還不能行持滿足一切眾生的廣大行為。

因為在此當中，既不具備無分別的智慧，也沒有消除（各度分別的）違品，還沒有依靠前者而圓滿達成眾生的願望，更沒有隨應根基而（將眾生）安置於三種菩提果位㉖中的任何一種果位㉗，所以連四種法相中的一種都沒有具備。

六波羅蜜多中，即使是布施，凡夫也不能真正行持，因為不具足《經莊嚴論》所講的四個條件：第一、真正的布施要具備無分別智慧，凡夫地沒有；第二、布施要消除違品，布施的違品是吝嗇，凡夫無法消除；第三、布施要滿眾生的一切所願，凡夫無能為力；第四、菩薩以布施能把眾生置於三菩提果位，但凡夫做不到。所以，四法相中的一相都不具足。

㉖三種菩提果位：指聲聞、緣覺與佛果。
㉗從「消除布施之違品，擁有無分別之智，圓滿達成一切願，成熟眾生之三乘」等描繪六度法相的偈頌可知，真正的六度應當滿足上述四種法相的條件。

我們的布施只是把財物給了眾生，利他心不圓滿，四種相也不具足，所以是相似的布施。不說四種相，單單是我執的心都無法克服。雖說也覺得乞丐可憐，但在布施的時候還有很多耽執：我今天布施，別人會不會讚歎我？我不布施，修行會不會有障礙？還是要布施……小小的一個行為，自私自利心難以遮止。由此可知，凡夫地的布施是不圓滿的。

另外，也不具備成立四種功德㉘，

《經莊嚴論》云：「廣大及無求，最勝與無盡。」講了布施要具足的四種功德。一是廣大的功德，要能滿足一切所施眾生的廣大願望；二是無求，即不求今生來世的果報；三是最勝，即將眾生安置於最勝的菩提果位；四是無盡，即以無分別智慧攝持而使布施的受用相續無盡。對這四種功德，凡夫人都沒有能力行持。

拋棄七種貪著㉙等等條件，

一地以上的布施遠離了七種貪著，而凡夫人還不能

㉘四種功德：指六度的四種利他功德：一、廣大功德；二、無求功德；三、最勝功德；四、無盡功德。如《經莊嚴論》云：「廣大及無求，最勝與無盡。當知一一度，四德悉皆同。」

㉙七種貪著：指一、資財著（對應其他各度，則分別為破戒著、瞋恚著、懈怠著、亂心著以及愚癡著）；二、慢緩著；三、偏執著；四、報恩著；五、果報著；六、障礙著；七、散亂著。如《經莊嚴論》云：「檀離七著故不著說七種者，彼檀著有七種：一、資財著；二、慢緩著；三、偏執著；四、報恩著；五、果報著；六、障礙著；七、散亂著。此中障礙著者，謂檀所對治貪。隨眠不斷故。散亂著者，散亂有二種：一、下意散亂求小乘故；二、分別散亂分別三輪故。由菩薩行檀時遠離此七著故說七不著。應知餘五度障治七皆然者。應知戒等五波羅蜜亦各有七著，離七著故亦各說七不著。此中有差別者，翻檀波羅蜜離資財著，即是戒等五波羅蜜離第一著。所謂戒離破戒著；忍離瞋恚著；精進離懈怠著；禪定離亂心著；智慧離愚癡著。戒等離障礙著者，彼障隨眠皆斷除故；戒等離分別著者，隨其三輪不分別故。」

拋棄，《經莊嚴論》宣說了這七種貪著。

第一、資財著，也就是對財物的吝嗇心。凡夫人的布施，三元錢捨不得，一元錢還行。抽出一張十塊的，又裝進去；再抽，五塊的，也不行；找一塊的，怎麼也找不到，最後很不情願地給了五元錢。這就是資財著。第二、慢緩著。《入中論》裡講，一地以上的菩薩聽到求施的聲音，有阿羅漢入定一樣的快樂，以最快速度滿足對方。可是凡夫人聽到求施的聲音，「你先等著，我吃完飯以後再給，你遠一點。」；或者乞丐敲門了，「你中午來，我現在正閉關，我還要修菩提心。」修菩提心也要有空的時候才行。第三、偏執著。可愛的願意給，或者只願意給部分，不可愛、討厭的不願意給，或者不完全滿足對方。第四、報恩著。布施給他，但還耽著對方報答恩德。第五、果報著。聽說布施能得財富，「給給給，你要加持我」，還祈禱佛菩薩加持發財，這是果報著。第六、障礙著，即內心對布施之物的貪著煩惱。第七、散亂著。或者是耽著小乘，歸根結底還是自利心；或者未想到利益眾生，而懷有「我要成佛，要如何如何」等散亂分別，都是散亂著。

以前羅扎瓦仁欽桑波——寶賢譯師翻譯《經莊嚴論》時，這一段的前後沒有區別，「不貪、不貪、不貪……」從而對自己很失望。後來看了前譯派貝若扎那大譯師的譯文，同樣的「不貪」在詞句上卻富於變化，

他非常感慨：前輩譯師就像虛空中的日輪，而我們後代譯師就像螢火蟲。從此以後，以前的傲慢被摧毀了。

所以，在這一切當中，並不具備六波羅蜜多的意義。就像聲聞緣覺所修持的不淨觀，並不是大乘的禪定波羅蜜多一樣。

凡夫位的六度按菩薩的境界來衡量，並不具備真實六波羅蜜多的意義，就好比小乘不淨觀沒有大乘禪定度的法相一樣。因此，雖說凡夫可以修學六度，也能以六度利益眾生，但跟大乘菩薩的行持相比還是有很大差別。

第十二課

第十三課

昨天講了，凡夫地無法真實修持六波羅蜜多，只有菩薩地才可以，而圓滿的六度僅在佛地。所以，我們行持六波羅蜜多時也要觀察相續，不能生起傲慢。下面以比喻說明：

針對智者而言，如果能借用比喻來闡述這些道理，就能使他們心知肚明，所以我們可以在此舉例說明：

對一位智者，比喻能讓他通達深奧的道理。所以，佛陀在《般若攝頌》中運用了許多世間比喻說明般若空性，而作者此處也運用了一個易懂的比喻，說明斷除自私自利心對於生起菩提心而言，至關重要。

前面講了，不論因地、佛地，修大乘者除了利益眾生以外，別無其他。如《入行論》云：「直接或間接，所行唯利他。」發了菩提心的菩薩，有時可以直接利益眾生，有時可以間接利益眾生，而有時又可以修煉發心以便將來利益眾生。因此，除了利生以外，大乘行者再沒有別的事了。而密乘也是大乘，只是要求更高。現在有些人學密法只求自利，而且認為自私自利心越強，成就越快，其實這是顛倒的。因為密乘只有在大乘的基礎上才能修成。沒有菩提心，也就沒有大乘教義，更不會有密乘。所以，我們不論學顯宗、學密宗，都要觀察自

己的發心，看看屬不屬於大乘。這個問題很重要！

而如果我們發了大乘心，也在行持大乘道，這固然好，但也千萬不要輕視小乘。因為小乘也能引導人們走向解脫，而且境界也很高。聽說有的人自認為境界不錯，只求大圓滿法，不願求菩提心和小乘法，他說：「我的境界很好，阿羅漢也算可以……」好像遠遠超過阿羅漢了。其實是不可能的。因為阿羅漢的相續已經斷盡一切煩惱障，色聲香味，任何對境現前都不會生貪心，怨敵出現也不會生瞋恨。所以，不要自視過高，不要看不起小乘或顯宗，能有顯宗的境界，我是心滿意足了。所以，無論學顯學密，一定要明白其中的意義。

比如，高明的醫生為了消除眾生的病痛，在淨化提煉水銀的時候，首先通過擦拭、清洗以及煉製的方式使水銀變得清淨，當毒性祛除以後，就可以配製成各種各樣的藥品，從而驅除眾生所患的形形色色的疾病。

藏醫、中醫裡面，水銀都是一味好藥。但水銀有毒，未消毒就配成藥，病人食用以後，不但不治病反而會導致中毒、死亡。所以，高明的醫師配藥時先要淨化水銀，祛除毒性後再配成藥，就能遣除許多疾患。而就像水銀被毒性遮蔽，與任何藥材配伍都不成良藥一樣，大乘菩提心的妙藥本可遣除一切眾生的業惑疾病，但若未消除自私自利心之毒，修任何法，都會被毒性染污而不能成辦利他。這個比喻非常好，法王如意寶在《辨別

基和基現》的論典中也引用過，以此說明眾生最初怎樣迷惑、本基有無迷亂等問題。

至於自私自利心不好，這一點誰都會說，但實際行持的時候，所作所為不被私欲所染、純潔無垢的修行者卻極其罕見。事實也是如此，在凡夫地時要我們完全拋開私欲，的確困難。不過作為一個修道人，我們至少先要認識自利心的危害，知道了危害性，一旦生起此心就會立即對治。如果再能長期修行，那麼獲得大乘聖果也就不會遙遠了。

同樣，諸大菩薩將有寂衰損徹底清除的唯一之因，就是令菩提心寶在相續中生起。

三有的衰損，指貪嗔癡等煩惱以及痛苦；寂滅的衰損，指阿羅漢不理會眾生的痛苦而入於寂滅。世間人貪執形形色色的法，而小乘人貪執寂滅果位，這二邊都是成佛的違緣，而徹底消除這兩種衰損的唯一因，就是菩提心妙寶。為了讓菩提心寶在自相續中未生者生起、已生者穩固、穩固者永不退失，我們要反覆消自利心之毒，否則就不能成為無垢。

但是，因為凡夫地眾生具有自私之毒，所以就要通過修持甚深空性，並現前見道之法性，在以精通諸法平等而徹底遠離所有自私垢染，從而獲得清淨之後，

凡夫地時，每個眾生都有自私自利的雜染，就像水銀中的毒性一樣。水銀的毒性以擦拭、清洗、提煉等方

式可以消除。而菩提心的垢染，在長期修行空性、菩提心並現前一地果位時，因為通達了諸法平等、自他平等，能將粗大的私欲從根本上斷除。那時候，身肉一塊塊割下來施給眾生，也毫無耽執；別人怎麼說、怎麼打，也沒有嗔恨。

這種境界，凡夫難以企及。我們平時坐在經堂裡或單獨安住的時候，「我好像沒有煩惱了，是不是登地了……」對自己充滿信心。可是，一旦你的茅棚漏水，家人死了，或者聽到一些不公正的評價、受了冤枉，那時候，原來的一地境界全部消失於法界，出乎意料的大嗔恨暴發了。這說明，你還未通達諸法平等，如果通達了，私欲心就能清淨。而清淨以後，

才能使菩薩的一切如海之行為與三輪清淨無分別的方式相互融合，進而以自私心分崩離析的、稀罕少見的精進方式，徹底治癒眾生的煩惱所知二障疾患。

從登地到佛地，菩薩以布施等十波羅蜜多的廣大行為利益眾生。我們做一點事情也會帶著強烈耽著：「我今天放生一百萬，組織了很多人修法……」；而菩薩利益眾生，卻是以名言中如夢如幻，勝義中行持者、行持以及所行持善法三輪清淨的方式而行持的。也就是說，在利益眾生的過程中，菩薩如海的偉大行為與三輪清淨圓融無礙，或者說現空雙運，也可以說是悲智雙運。在那時，自私自利心全部瓦解，伴隨著希有的精進和利他心，直至遣除無

邊眾生的一切二障疾病。所以我們應該知道，行持念經、放生等任何善法時，發清淨菩提心是根本。

當然，也不是說絕對不能為自己。有時為了遣除疾病，也可以為自己修法。像喬美仁波切、麥彭仁波切就有一些修法儀軌，專門用來遣除自己的疾病，也並沒有說為了眾生。也不是說絕對不能希求成就。我接觸過一些佛教徒，口口聲聲「我要成就、我要成就」，這也算不錯了。多數人根本不提成就或往生，只是耽著一些現世的、眼前的福報，沒有任何修行的味道。所以，能希求解脫，也算是一種修行了。

為自己也好，希求成就也好，如果最終的目標是利益眾生，也就是大乘修行。不過，大乘的修行最好能去除私欲。如《般若經》所說：雜毒的食物不是美食，而雜有私欲或三輪執著的善法也不是究竟善法。所以，我們行持善法的時候，要懂得如何行持。但可惜的是，很多人不懂；有些人懂一點，又以業力現前而不能行持。但不管怎樣，作為大乘修行人，在行持善法的過程中，一定要抓住利益眾生這一根本。有了這一根本，修行也就成了大乘的修行。就像醫生診斷病情，能發現最根本的問題，就有治療的機會了。否則，問題在肺卻治療脊椎，就困難了。

《總持自在王請問經》中關於清淨摩尼寶珠的比喻，也是為了宣講道之次第。其中前面的兩個過程[擦

拭、清洗]是很容易領會的；而後面的過程[煉製]，也即關於不退轉法輪[第三轉法輪]的教言，則指的是大悲方便與智慧空性雙運之道。關於這一點，在《經集論注疏》等論著當中都有相關的論述。

　　《陀羅尼自在王請問經》也有個清淨摩尼寶珠的比喻：當有智慧的人探索寶山取到如意寶以後，先用嚴灰洗滌，再用黑頭髮衣擦拭，這是第一個階段；之後用辛味水清洗，再用布纏在木棍上擦拭，這是第二個階段；第三個階段，先用藥水洗滌，然後用極細柔的布擦拭。

　　對這三個過程，有些智者相應解釋為三轉法輪[30]。首先遣除非福德，是一轉法輪；中間遣除二我，是二轉法輪；最後遣除一切見，是三轉法輪。如《中觀四百論》云：「先遮遣非福，中應遣除我，後遮一切見，知此為智者。」這個教證應該與《陀羅尼自在王請問經》的比喻結合起來解釋。解釋的時候，前兩個階段容易對應，而最後的階段應該以大悲與智慧雙運來解釋。這在《經集論注疏》中有宣講，也是麥彭仁波切的觀點。

　　所謂的「三輪清淨」，是指菩薩的布施等行為，因為（他們是）以三輪不可得的方式而行持的。

　　三輪清淨，指菩薩以三輪體空的方式行持布施、持戒等利益眾生的行為。菩薩即使度化了無量眾生，也無

第十三課

---

[30]《中觀四百論釋》云：「薩迦派的班欽香秋瓦論師解釋此頌時，說先遮遣非福是指初轉四諦法門，中間一句是指二轉般若法輪，後遮一切見是指第三轉法輪，如是以三轉法輪對應解釋此頌」。

絲毫三輪執著。入定中不緣一切，出定時以如幻如夢的方式行持而不耽執，六度萬行的每一項都如是行持。這才是真正的積累資糧。所以，我們平時在行持善法的時候，盡量不要有傲慢和實執。「我今天做了個善事，這個功德，我死的時候會等著我。那時候我可能沒有財產，但這個功德會讓我獲得永久的快樂……」這樣執著實有是不合理的。

雖說我們現在是在凡夫地，但凡夫地時，對這些重要教言也應通達並相似修持。這樣一來，獲聖者果位時自會現前一切功德。

於這一點，聖者龍樹菩薩是在《經集論》中引用該教證㉛，從而建立了究竟一乘的觀點。

對上述道理，龍猛菩薩在《經集論》中，引用了《陀羅尼自在王請問經》的教證。《入行論》裡提過龍猛菩薩的二種論，一是《經集論》，一是《學集論》。《經集論》匯集了許多大乘經典的教證，宋代法護譯作《大乘寶要義論》。以此教證，菩薩建立了究竟一乘的觀點。所謂究竟一乘，指聲聞、緣覺、菩薩最終都要獲得佛果。

也即，首先以（修持）無常、痛苦等等而對輪迴生起厭離之心，然後趨入甚深而廣大的大乘之道。通過這些方式，從而建立起「聲緣之道只不過是大乘之階梯」的觀點；

《現觀莊嚴論總義——修行次第略說》《現觀略義講記》合刊

㉛該教證：指《總持自在王請問經》中關於清淨摩尼寶珠的比喻。

龍猛菩薩的意思，聲緣道只是大乘道的階梯。作為修行人，先對一轉法輪的教義——無常、苦、空、無我進行修持，讓相續對輪迴產生強烈出離心並希求解脫，從而奠定一切道之基。有此基礎以後，才能發起菩提心，進入甚深、廣大之大乘法門。

為何本論的頂禮句也對聲緣的智慧作頂禮呢？就是因為聲緣也是由佛母出生，而且是上上道的基礎。具體而言，聲緣在世俗中以無常等所生的出離心，以及在勝義中所通達的無我空性，這兩者是大乘道之基礎。而小乘人希求自我寂滅的自私自利心，永遠也不可能成為大乘道的基礎。這一要點請大家切記！

大乘人行持大乘道，對聲緣道有取有捨：對出離心與人無我這一部分，我們也接受，作為基礎；而另一部分——聲緣求自我寂滅的發心，不說聖者菩薩，連我們凡夫也不應當學。否則，如《般若經》所說的那樣，退失大乘而發了小乘心，是最大的犯根本戒。

這是龍猛菩薩——甚深見派的觀點。

無著菩薩則是在《寶性論釋》中引用該教證，也即以所宣說的「因為菩薩相續依此次第而進行清淨，所以（眾生相續中）成立清淨的所淨如來藏的存在」，從而建立起（眾生相續中）成立如來藏的觀點。

對同一個清淨如意寶的比喻，依龍猛菩薩解釋：先修無常生起出離心，之後入大乘通達空性，是以聲緣乘

作為大乘道的基礎；無著菩薩的廣大行派，則將清洗摩尼寶的過程，解釋為行持菩薩道時清淨一切垢染，並最終成立一切眾生皆具有如來藏。不論菩薩、凡夫，他們相續中都有如來藏，否則，即生修善斷惡，來世怎麼連接？最終又如何現前如來藏的本面。所以，無著菩薩以此比喻證明每個眾生本具如來藏。這也就是第三轉法輪宣說光明的教義。

總之，不論龍猛還是無著，漢傳還是藏傳，對輪迴生厭離是共同之基礎，無常、苦、空、無我都是必需的。之後，按龍猛菩薩的觀點，則將諸法抉擇為空性，依《般若經》所宣說的空性分，證悟一切諸法的空性本體。而按彌勒菩薩、無著菩薩的觀點，又在萬法空性的基礎上，抉擇與之無離無合的自性光明。因此，依三轉法輪的教義，每個眾生都有如來藏，否則，一切眾生皆成佛道就無法成立了。為說明此理，《寶性論》用了很多比喻。

無論如何，這兩種觀點都是相同的：

無著菩薩和龍猛菩薩的觀點其實是相同的。學了麥彭仁波切的《定解寶燈論》，我們知道三大法輪應該結合起來，否則無法通達佛教的教義。如果只學大乘法，因為沒有小乘的出離心作為基礎，修行不會成功，就像沒有基的牆一樣；而只學小乘法，也會因為不了知大乘空性和如來藏，使所學不完整。而如果能結合起來，所學、所修的就是完整佛法。

的確，眾人面前我曾經說過，而內心也這麼想：在現今世界，藏傳佛教如意寶非常興盛。你看，傳承如此圓滿，每一教言由歷代傳承上師圓圓滿滿交付後人；而佛法又如此完整，教法證法、教言竅訣都圓滿具足，所以應該是獨一無二的。也正因為如此，東西方佛教徒的目光投向了藏地，而眾多知識分子的信心和興趣得到引發，使藏傳佛教遍地開花。

第一階段，是以無常痛苦等等而進行修心；

不論修顯宗還是密宗，一定要先修出離心。修出離心，先要掌握佛教的基本教義，認識四種顛倒，以理推出無常、苦、空、無我，而且還要通達前世後世等基本知識。否則，連一轉法輪的法器都談不上，更不要說甚深法要了。而只是懂了還不行，一定要讓無偽的出離心生起來。出離心誰都會談，但除了少數人以外，真能在心裡憶念著輪迴痛苦的人都不多。所以，光說不行，一定要修持。

修出離心因緣較深的有兩種人。一種人，像某些公案所說的那樣，因為前世對出離心有深厚緣起，今生一聽到相關詞句馬上生起出離心；還有一種人特別利根，經善知識引導以後也能迅速通達並生起出離心。除此之外，一般人即使聽了再多的出離心教言，不修持，也不會自然生起。所以，這種人一定要先從理論上通達，再到寂靜地方修持。

修持的時候，對於從輪迴中出離的理由——三界猶如火坑，轉生到人、天、旁生、餓鬼、地獄有何種過患等等，要反覆觀修。當輪迴痛苦的境界在自相續中生起的時候，再也不願轉生其中，並會從內心引發堅定誓願：不管怎樣，我一定要通過修行超越輪迴。要讓這種真實而非虛偽的心生起來，且永不退轉。

有了出離心的人不會耽著快樂。到了花園，他會覺得好看，也有快樂感受，但這是否失去了出離心？也不是。敦珠法王的密傳裡有一段：一次他正坐在花園裡感受快樂，一隻蜜蜂為他唱歌，「夏天的花雖鮮豔，可秋天一來它也不會長久，你的心不要耽執，多思考如何出離吧……」歌詞大概是這樣的。所以，有出離心的人，雖然顯現上也會覺得快樂，但對無常本性的認識，對痛苦本性的認識，總會提醒他不偏離出離的軌道。就像一個犯人被帶到花園，他暫時有點開心，但憂愁還是會自然湧上來：我畢竟是個犯人，不久要被判死刑，還有什麼可開心的……

這是初轉法輪的教義。

第二階段，是依靠三解脫門的教言而現前甚深見解之法性；

三解脫門是因無相、體空性、果無願。萬法包括於因、體、果之中，無相狀、無實質、皆是空性。依此教言，讓相續現前乃至涅槃之間的法都是遠離四邊八戲的

空性境界。

這是二轉法輪的教義。

第三階段，是依靠不退轉法輪的教言，以及三輪清淨的教言修學菩薩之偉大行為。

三轉法輪的教言抉擇了光明如來藏的本體存在，而這種存在與三輪體空無離無合，無相狀、無實質。而菩薩就是依大悲、空性雙運行持利益眾生事業的。

這是第三轉法輪。

兩大軌轍師㉝都認為，道之次第只能是這樣的。

龍猛菩薩、無著菩薩是兩大派的祖師，對他們，佛陀在《楞伽經》等許多經典裡都有授記。他們以甚深智慧解釋了佛陀的究竟教義，並依佛授記及種種深妙緣起把佛法弘揚於人間。這兩大祖師都認為：道次第只能如此。

由此可見，這些堪為南瞻部洲兩大殊勝莊嚴的無垢論著，是毫不相違、互為一致的。如果一個人在修習之際，能夠通達將其融會貫通的方法，就可以稱之為「智者」。

第十三課

所以，南瞻部洲二勝六莊嚴中最偉大的這兩位智者，他們的無垢論著是一致的。而我們在修行的過程中，能將二者融會貫通，也就是智者。

㉝兩大軌轍師：指開創甚深見解派的龍樹菩薩與開創廣大行為派的無著菩薩。

懂一點物理化學、電子科技，是不是智者？不一定。成為博士、教授是不是智者？也不一定。是智者，一定要對萬法的本體有所通達。如果他們自認為是智者，那我們要問：一切萬法的空性是怎樣的？心性的本來光明是怎樣的？一轉、二轉、三轉法輪的觀點如何貫通？如果能說、也會修，那才是智者。如果做不到這些，就不是智者，還有一個詞……

這個道理，結合密法的竅訣簡單來說：當以心觀察自心的時候，當時的這顆心，無論顏色還是形狀一切都不存在，從這個角度，稱為空性或者三解脫本體，這是二轉法輪的教義；而在不存在當中，它的光明分——明明清清的明分，以自然而然、任運自成的方式具足，這是三轉法輪的教義。但此二者不能分開，空即是現、現即是空，無離無合；或者說光明就是空性，空性就是光明，這就是我們心的本體。每個眾生乃至一切萬法的本體，皆不離此二者。什麼時候，我們不是在名言上講，也不是以分別念理解，而是完全通達了它，也就成為有一定境界的修行者，或說智者。所以在修持的過程中，對於這個道理，說得遠一點，可以推至萬法；但以竅訣歸納於一座上而言，何時通達了心的本性，也就貫通了二大菩薩的觀點。

對本自圓融的佛法，有人偏在業果上，有人注重空性，有人則以光明為主……各執己見。但不能貫通，則

難以修到真正的解脫之因。

第十四課

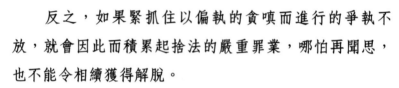

前面講了，甚深見派和廣大行派其實圓融無違，誰通達了就是所謂的智者。

反之，如果緊抓住以偏執的貪嗔而進行的爭執不放，就會因此而積累起捨法的嚴重罪業，哪怕再聞思，也不能令相續獲得解脫。

反過來，如果不能圓融理解二大派，而認為彌勒菩薩的《寶性論》等所說的如來藏光明本體不空，龍猛菩薩的《中觀六論》等所抉擇的空性是單空，執持此種觀點並毀謗他宗，就會犯下嚴重的捨法罪。

其實這種情況確實比較嚴重。雖說藏傳佛教歷來聞思興盛，但由於偏執，部分人始終不能圓融二、三轉法輪，乃至在建立自宗的過程中排斥得厲害。有些人說，如來藏本體不空的他空派，跟常見外道無別；有些人則說，承認萬法空性其實是單空，跟斷見派相同。而在佛教融合的此時，由於不了知各派互不矛盾，學密宗的排斥顯宗，學顯宗的排斥密宗；顯宗當中，淨土宗不承認華嚴宗，華嚴宗不承認禪宗……今天有人給我打電話：「本來我學大乘佛法，受益頗大，但我們寺院的方丈只讓我念佛，不要學其他的。我氣得不行，所以不得不放棄聞思。」

第十四課

現在的確有各種說法，但分別畢竟不能代替佛法的標準。所以，我們千萬不能執一法捨一法，如果造了這種捨法罪，自相續無法獲得解脫。這是個極重要的問題。

總而言之，大乘道的主要追求目標，就是將普天下的所有眾生安置於圓滿正等覺的無上果位的佛陀之事業。

這句話大家一定要記清楚！大乘的教義既深且廣，但其主要目標，是讓普天下一切眾生獲得無上圓滿正等覺果位的佛之事業。

我們應該反省：我的所作所為、所行所思，是否為了讓眾生得佛果？如果是，說明你修的是大乘法。以這顆心攝持，哪怕天天掃地、掃廁所、在機關上班……做任何世間瑣事，也都成了菩薩行為。而如果你對利他，尤其願無邊眾生成佛的心絲毫沒有，那即使你每天講經說法、聞思誦經，講得高深莫測、行得如理如法，也根本不屬於大乘。

所以，我們在行住坐臥或行善的過程中，要反覆觀察自心：我的目標到底是什麼？也許沒有目標，只是隨別人而行；也許只是為了個人的往生……當然，如果是凡夫最初的心態，那也可以理解。比如在出家以前，我們寺院有位維那師㉝聲音特別好，當時我很想出家，目標

㉝寺院中的領誦師。

就是當維那師；還有一位做供品的上師，叫且多，他的穿著非常好，所以我想出家以後變成他那樣……回顧這些，確實很慚愧。

跟那時候相比，現在雖不敢說有了利他心，但依靠上師和大乘論典，方向已經知道了，該想的、不該想的，也明白了。只不過自私自利心的力量強大，經常會覆蓋這顆微弱的想要利他之心。不管怎樣，希望道友們好好調整自己，盡量生起利他的菩提心。

諸大菩薩的善根也不但不會窮盡，而且還會無窮無盡。

為什麼得地菩薩或真實發心的菩薩，其善根不會窮盡反會增長，一直到菩提果乃至佛地以後永不滅盡？因為眾生無量無邊，所以菩薩緣眾生發的心無量無邊，而所獲善根也無量無邊。如果發心只為自己往生或成佛，那即使往生或成了佛，善根也會窮盡，無法利益眾生。

就像《普賢行願品》所說的一樣：「乃至虛空世界盡，眾生及業煩惱盡，如是一切無盡時，我願究竟恆無盡！」

就像《普賢行願品》所說：虛空無有邊際，就像虛空無邊際一樣，三界輪迴的眾生也無有邊際；就像眾生無邊際一樣，眾生相續的業和煩惱也無有邊際；就像眾生無邊、煩惱無邊一樣，我的誓願也無有窮盡。這樣發願，善根就會無窮無盡。法王如意寶就是以這種方式解

第十四課

釋的。

　　當然也有其他的解釋方法：即使虛空已盡，眾生的業和煩惱已盡，但我利益眾生的誓願沒有窮盡。

　　否則，如果以為大乘道的暫時追尋目標，是證悟甚深空性之義；而究竟的追尋目標，僅僅是獲得自相續解脫於二障之束縛的佛果，那麼諸大菩薩的善根也只有就此而窮盡了，就像小乘道行人獲得了無餘涅槃一樣。

　　很多人修大手印、大圓滿和禪宗，想依靠上師的教言證悟，但對他來講，證悟只意味著快樂；也有很多人想往生，以離開世間瑣事。但作為修大乘道者，如果暫時目標是證悟空性，究竟也只是要歷經十地，從業、煩惱和痛苦中解脫而獲得佛果，那麼得佛果以後，由於發願已經實現，所以善根也自然窮盡，就像阿羅漢入於涅槃一樣。這個道理，也像學生為找工作而讀書，找到工作就不讀書了；或者爬山，到了山頂，吼一吼、看看藍天白雲，就只有下山了。因此，大乘佛法的最終目標並不是成佛，而是利益眾生。只不過，不成佛就不能圓滿利益眾生，所以才追求佛果。

　　很多人不懂佛法，他們有些不想成佛，學佛也只是為了遣除疾病和痛苦；而有些就很想作佛，想獲得阿彌陀佛、釋迦牟尼佛那樣的功德，但他們只願作佛，為了作佛才去完成所有修學。雖說後者好一點，但也未脫離自利的心。

《現觀莊嚴論總義——修行次第略說》《現觀略義講記》合刊

現在很多人修禪就是如此，沒有利他心，目標就是滅盡分別念、住於阿賴耶上，認為這是最高的境界。當然為壓制分別，暫時修一些寂止是有必要的，否則總是隨著分別轉，也利益不到眾生。但如果最終目的就是這個，即使像無色界眾生八萬劫中不生任何分別念，也沒有用。而如果學佛是為了顯示神變，其實也不必學佛，因為餓鬼也可以像鳥一樣飛行虛空，但也做不到什麼。

因此，只有利益眾生才是修學大乘佛法的究竟目標。

上述道理對於智者[高僧大德]而言，因為他們已經徹底通達，所以沒有必要再次建立，但是，對於與我相同的某些淺慧者，諸如：

上面所講的，大乘的主要目標是利益眾生並讓其得佛果的道理，長期暢遊佛法大海的智者已完全建立，所以華智仁波切說，為他們解釋沒有必要。

可是我想，有些所謂的高僧大德也不見得明白。就像對生活一樣，每個人對佛教的認識也不盡相同，有人說這樣究竟，有人說那樣究竟，但都是自己的理解。在藏地，以前有這樣的人，現在也有。如果沒學過這麼好的論典，恐怕很多人還是，有的說證悟空性最深，有的說對治煩惱最妙，有的說如如不動、安住無分別智慧最高……所以，不一定所有高僧大德都明白。

緊接著，華智仁波切又以謙虛的口吻說：對像我一

第十四課

樣的淺慧者，還是很有必要。當然，像華智仁波切那樣肯定不是淺慧者。下面列舉了七八種不同見解，就是對有這些見解的人反覆宣說利益眾生應在第一位，很有必要。

將初發心時，因為是了解到佛陀的功德而發心，以及在看到各乘的高低賢劣之後，便對佛地產生了嚮往之類的，總之並不是從大悲心根源產生的其他發心，詡為大乘之發心；

有的人最初發心，是因為聽到佛陀的四無畏、十八不共法、相好圓滿等功德，心裡產生了嚮往：我一定要作佛，具有佛的功德。的確，看看《釋尊廣傳》，佛在一瞬間能利益無量眾生，而凡夫一輩子也幫不了幾個眾生。所以，有的人是因為佛的功德，而想成佛。還有人看到大小乘的賢劣差別，認為大乘殊勝、功德大，便對佛地產生興趣，而對小乘發心乃至羅漢果位興趣索然。如《經莊嚴論》說大乘有七大㉞等功德，有些人就因看到這些，所以要學大乘。

總之，他們的發心不是以大悲心引發。或者想獲得佛的功德，或者認為大乘殊勝，這兩種發心，恐怕我們在座的人當中也有。

《現觀莊嚴論總義——修行次第略說》《現觀略義講記》合刊

㉞無著菩薩釋《經莊嚴論》曰：若具足七種大義說為大乘。一者緣大。由無量修多羅等廣大法為緣故。二者行大。由自利利他行皆具足故。三者智大。由人法二無我一時通達故。四者勤大。由三大阿僧祇劫無間修故。五者巧大。由不捨生死而不染故。六者果大。由至得力無所畏不共法故。七者事大。由數數示現大菩提大涅槃故。已說大乘七大義。

或者是認為在學道時，一旦證悟空性之後，則永遠不必再修學布施等行為；

還有一種人認為：不證悟空性就要行六度萬行，很艱難；而一旦證悟空性，就不用布施、持戒了，很快樂。所以，他們認為證悟空性以後，沒有煩惱且功德具足，而從未想到利益眾生，更不會把利生放在首位。

或者是因誤解「見道之後修持修道」的詞義，而認為在獲得見道之後，僅僅修持無分別智慧就能獲得所謂的「佛果」；

相關的大乘經論常說：證悟空性獲得見道以後，必須不斷修持所見之法性。有些人誤解此理，認為見道後只要修無分別智慧就能得佛果，也未曾想到利益眾生。但他並未認識到，其實在見道、修道的過程中，始終不離利益眾生。

或者是因為不了知大小乘之間的差異，是以菩薩的發心以及行為來區分，而僅僅將空性見作為區分標準；

阿底峽尊者曾說：大小乘以是否具足菩提心和利他行而區分。所以，有菩提心、有菩薩行才是大乘。但由於不懂，個別人就認為空性見是區分大小乘的標準。

或者是將沒有絲毫的發心或行為，只是誇誇其談地說一些見解修行方面似是而非的深奧法語，誤以為是所謂的「大乘」；

在現今，這種現象較多。有些人的相續中毫無利他

心，也從不做利生的事，可以說他的心裡沒有眾生的位置。而只是誇誇其談，說些禪宗、大圓滿的高深法語：一切都是平等，一切都是光明自現，現空雙運、明心見性、萬法皆空、法界平等，無我相、無人相、無眾生相、無壽者相⋯⋯這些好聽的詞句，漢地人多引自於《金剛經》、《楞嚴經》、《妙法蓮華經》等；藏地人則引用《七寶藏》等。就這樣，他們從未想過眾生，只會背幾句就認為是大乘行人了。

這樣的人我遇到很多，他們會說些似是而非的大乘術語，但相續中全是貪嗔癡慢，連出離心、對三寶的純潔信心以及業果不虛的見解都沒有。而且，他們還看不慣小乘：「你是小乘者！」其實自己護持不了小乘戒律，對業因果、今世來世也無誠信，卻認為已經開悟了，跟十地菩薩無別。至於佛地，因為沒有佛的相好莊嚴，可能還不敢說。但可憐的是，也許他對佛陀有無相好也不一定知道。

或者是將甚深見解與廣大行為的兩種無垢自宗執為水火不容、完全背離的觀點；或者是將佛陀二轉法輪與三轉法輪的觀點相互割裂、分別執持，並以此為滿足的分裂見解者們而言，我想或許還是會有一些利益的吧？！

或者認為甚深見派與廣大行派水火不容，或者割裂二、三轉法輪的觀點。對執持如是觀點以及上述觀點的

《現觀莊嚴論總義——修行次第略說》《現觀略義講記》合刊

人，把反覆建立菩提心放在首位，是有利益的。他們以前誤入了歧途，現在講一下，可能會改過自新吧。

正因為如此，我才不顧囉嗦嘮叨的罪名，不厭其詳地就一個意義反覆進行了說明。

正是為了這一個意義——利益眾生，華智仁波切不怕囉嗦地反覆宣講。這個角度、那個角度，從不同角度反覆宣講這是大乘修行人的主要目標；不管是開始也好、中間也好，乃至獲得佛果也不能以此為足，還要不斷利益眾生。因此，有智慧者應該明白它的重要性。而我們最初雖然也可能是為了某種安逸而出了家，但學了這些甚深佛法以後，應該像難陀生起出離心一樣，生起真實的菩提心。

另外，對於將來那些想要不錯亂地修學大乘論義的善緣者來說，在凡夫地期間，首先要依靠《入菩薩行論》等論著所講述的，初學者的修心方法以及道之次第，令自相續（逐步變得調柔起來，）如同通過敲捶而使皮革遠離堅硬，以及通過伸直而使箭矢變得挺直一樣；

這裡講了一個大乘道次第竅訣，是非常殊勝、簡短的竅訣。小乘的道次第，先要看破世間、斷除一切貪戀，對三界毫無羨慕、希求而生起出離心以後，再修持人無我。而大乘的道次第也要有出離心的基礎，否則，一邊貪執世間八法，一邊利益眾生，這是不現實的。只

有當我們對輪迴生起強烈厭離，了知轉生何處也沒有意義，那時才有機會進入大乘。進入了大乘，具有一切束縛的凡夫先要學《入菩薩行論》，通過這部華智仁波切一生都強調的論典，調柔剛強難化的相續。

這次學《入行論》，總共兩百零一堂課，一千零五十道問答題。外面的人學得不錯，雖然忙，週一至週六沒時間，但星期天還是把三堂課一次聽完。和學院的人相比，雖說我們也精進，但畢竟沒有世間瑣事，而外面的人在繁雜的事務中克服任何困難來學，的確難得。過段時間就圓滿了，學得好的，一生都會成為一個調柔的修行人。

所以，修大乘的人，先用《入行論》調柔相續很重要，華智仁波切也用了兩個比喻來說明：藏地以前用牛皮做口袋，牛皮不敲捶就不柔軟，而敲捶了之後，什麼都可以做；做箭的木條彎彎曲曲，先要拉直，古代的箭師有竅訣，拉直以後就不會彎。同樣，雖說我們的相續剛強野蠻，從未調柔過，但通過佛法就能從根本上改變。就像一片曠野，拔了雜草才有希望成為耕田。所以，我們先要以《入菩薩行論》、《大圓滿前行》等修心法門調柔相續。

之後，便依靠吉祥怙主——聖者龍樹菩薩的《中觀根本慧論》等論典，以甚深見解之義斷除邊執增益。縱

然有少許實有耽著的所緣境，也將其徹底摧毀，從而抉擇出離戲之見解；

打好了基礎，下一步是破執著。通過《中觀根本慧論》生起甚深見的定解，可將自相續對萬法的實執全部打破。2004年我講過《中論》，總共一百一十四堂課，後來也有了較略的講記。再過幾十年，《講記》的有些道理也許對眾生有利。當時講的時候，我也翻閱了藏漢各大注釋，結合自己學中觀的經驗以文字方式奉獻給大家，所以對有緣的人應該會有利益。

一般來講，大多數人應該先學《入行論》，再學《中論》，這樣次第打好世俗和勝義的基礎。不過我們很多道友先學《中論》再學《入行論》，這樣也可以，因為利根者就是先抉擇勝義諦，再學世俗諦。

然而還不能以此為滿足，應在審慎觀察三轉甚深法輪的深奧見解，以及佛陀補處[彌勒菩薩]及其追隨者[無著菩薩等]的無垢論典之後，

華智仁波切的意思，學《入行論》調柔了自相續還不夠，還要通達空性；而學《中論》通達了萬法空性也不夠，還要學三轉法輪。像《如來藏經》，以及彌勒菩薩的《寶性論》、無著菩薩的《寶性論釋》等，這些經論都著重抉擇了如來藏，對每個眾生本具佛性、如來藏圓具一切功德以及成佛時如何現前光明智慧等道理，講得很清楚。所以，還要學三轉法輪。

我們能學到這些殊勝論典，應該非常有福報。有個人對我講：「我這輩子最幸運的就是遇到佛法，尤其是寧瑪派的教法，當然其他教派也殊勝，但傳承上師的竅訣還是有不同之處。」我也是這樣想的，即生遇到自宗的教法確實幸運。單從顯宗來看，從世俗到勝義，從一轉到三轉，所有教義都可以完整通達。

人生短暫，而我們遇到佛法又晚，要通達《大藏經》恐怕很困難。我們很多人，從小學、中學直到大學都沒遇到佛法，現在遇到了，但過幾年人又老了。那時候，眼睛模模糊糊看不清，心迷迷糊糊記不清，一些簡單的差別也分不清，要通達了義經論就更困難了。所以，趁現在還年輕——也算是風華正茂的時候，一定要學習佛法的精華。

全力以赴地投身於無上的普賢之行，

先通達《入行論》等基礎法門，再對空性及如來藏有所了悟，之後修學無上的普賢行——盡心盡力利益眾生。

而不能像（為了令其迅速乾燥，）而將潮濕的皮革扔進火中（，最終必將使皮革收縮報廢）一樣，為了想在即生（獲得成就，）而過於急躁冒進，缺乏長遠的目光。

把潮濕的皮革扔在火裡烤，本想讓它馬上乾燥，但它卻越收越緊，結果什麼都不能做了。就像這樣，有些人學佛也過於著急：「我一定要馬上成就，就今天，明

天不行；而且不是羅漢果、菩薩果，一定要直接到佛果，快給我傳法、灌頂⋯⋯」這樣著急，心越縮越緊，最後什麼都修不了，很危險。

所以，修行人要有遠大目光。要多看諸佛菩薩傳記，看他們如何修行。既然他們是在多生累劫中發心並利益眾生，那我們也應隨學，而不能奢望在一生一世或短暫的幾十年完成所有事情。不要說成佛這樣曠劫久遠的大事，就算是世間法，大學一年讀完四年的課程也很困難；甚至一年級的小學生學二、三年級的知識也很費勁。小孩子太急躁了，不願次第來而想馬上得博士證，老師最多會說：「好，方便的時候給你發博士證。」但實際是不會發的。所以，我們學佛不能太著急。

還要以聽聞的方法，建立起以虛空邊際以及眾生邊際為標準，依靠不可思議的解脫門而行持的，等同虛空、如同海洋、超離思維的菩薩之行。

我們要多聽聞諸佛菩薩的傳記和大乘教言，對虛空無有邊際、眾生也無有邊際，菩薩以三解脫門攝持而行的廣大菩薩行，以及為利一個眾生而於千百萬劫中精進的道理，要有所了解。

因此，我們的心地不能太狹窄，應該看看藍天，藍天是如何的廣闊；或者到海邊去看看大海，大海是那麼的無邊無際⋯⋯那時候，發心的力量會增強，願意為天邊無際的眾生做事，也願意一點一滴地去做，直至成佛

第十四課

乃至盡未來際。

如同《普賢行願品》所說的「我所修行無有量，獲得無量諸功德，安住無量諸行中，了達一切神通力」一樣，

我們要像普賢、文殊那樣修學無邊法門，使思想開闊，使所學越來越廣而不是鑽進牛角尖。有的法師說：我只念一句阿彌陀佛，你們也是，只念一句阿彌陀佛就可以了，其他什麼都不要看，什麼都不要學，不要見其他上師，因為對你有害……不能這麼狹隘；我們藏傳佛教的人也不能說：只念一句嗡瑪呢巴美吽，不要看漢地佛經，不要學任何其他法……當然，念阿彌陀佛、念觀音心咒功德很大，但眾生的根基無量無邊，如果思想過於狹隘，對弟子不一定有利，對上師也不一定有利。

如《普賢行願品》所說：發願修學的法門無量無邊，所獲功德無量無邊，利益眾生的行為無量無邊，而這些也不是以勤作方式實現的，是像諸佛菩薩一樣，以「了達一切神通力」無勤利益眾生。所以，作為大乘修行人，心胸要開闊，行持要廣大。而我們發願時要這樣發，行持時也要這樣行。

現在國與國、人與人之間的相互學習，對社會、人類都有很大利益，可我們佛教徒往往鑽進自我見解的地洞裡，怎麼也不出來，這是否缺乏開放的氣象？當然，開放的同時也要有重點。否則，太開放了，這個也學、

那個也學，始終抓不到重點，也找不到方向。

所以，我們應該有主要的修行，同時也學眾多法門以便廣利眾生，這樣才圓滿。

依靠佛陀所宣說的，甚深而廣大的（般若）佛母論義，在內心深處將佛陀以及佛子的所有無垢自宗作為嚮往目標，並進一步認為：如果這些發願能夠實現，那是多麼的美妙啊！

我們應該以甚深般若法門為基礎，以諸佛菩薩利益眾生的廣大行持為嚮往目標，而且要經常祈禱：願我以證悟空性的方式利益無邊眾生！白天想、晚上也想，這樣觀想的功德無量無邊。

值得高興的是，現在很多人求加持時說：「祈禱上師加持，讓我相續生起無偽菩提心，利益無邊眾生！」不僅是口頭上，他心裡也確實這樣想，而且行為上也力所能及地做了些事。因此，在凡夫因地，我們要把文殊菩薩、普賢菩薩的行持作為發願目標。隨時隨地有這種信念，就是真正的大乘行者。

下面是一個總結偈：

> 甚深廣大大乘道，深廣無違攝集要，
>
> 誰知深廣之此理，彼為佛母所攝持。

龍猛菩薩、無著菩薩的甚深見派和廣大行派，其實圓融一味，是大乘道的全部。證悟空性而不利益眾生、利益眾生而不證悟空性的情況都不存在，因為空性和六

度並不相違，二者是融入一個要點當中的。任何修行人，如果懂得了這一深廣法理，就已真正趨入佛道，時時會得到十方諸佛菩薩及般若佛母的加持。因為般若是諸佛菩薩的母親，誰行持般若，自會得到保護和加持，善法也會自然增長。

如果沒有大悲與空性無別的見解，反而站在一邊毀謗另一邊，那就遠離了諸佛菩薩的妙道。所以，一定要行持現空雙運之正道，這非常重要！

第十五課

前面講了三智和四加行的基本修法，現在講最後一個現觀，也就是果——法身和事業。

從論中的內容可以知道，以殊勝的發心與加行而修持道法的結果，就是法身以及事業。

從本論可以了知，發菩提心要緣於三智。願菩提心緣的對境是遍智；行菩提心緣的是道智，是菩薩利他的心；勝義菩提心緣的是基智，遣除了小乘的自利心。而行為以發心為目標，修持正等加行和次第加行。總之，發心是為利益眾生而尋求三智；而行持的時候，入定修遠離一切戲論的般若波羅蜜多，出定時一切行為圍繞利益眾生而修。

以發心與加行修持道法的結果，就是法身和事業。這在《現觀莊嚴論》最後一品講得非常清楚。所以我們要知道，我們的目標是法身，但法身也不離利益眾生之事業。

這既是一般的佛子們將其作為首要動機的追求目標，也是最後的結果，因此，在乃至輪迴未空之間，以恆常、周遍、大自成的方式行持眾生之利的利他行為，就是菩薩道的真正所修。

利益眾生應是一切佛子的首要動機，我們傳任何

法、修任何法之前，都要先皈依併發無上菩提心。最初，我們發心利益眾生並讓其得佛果；最後得了法身果位，也還是要利益眾生。

這是個很深奧的竅訣。一些名稱上的高僧大德，即使一輩子弘法，但對於求佛果的目的以及修行人活在世間的目的是利益眾生，卻不一定知道；也有些虔誠居士，雖然修持很好，但他的目的確實是為自己。由於最初的緣起錯了，乃至終其一生也不會把利益眾生放在首位。

因此，我們應該發願利益眾生。最初這樣發願，乃至獲得佛果，也要於輪迴未空之間以恆常、周遍、大自成的方式利益眾生。恆常，即佛的事業不間斷；周遍，不是遍於此而不遍於彼；大自成，即任運自成，不需勤作。以這種方式利益眾生，是菩薩道的真正所修。所以，發了菩提心的各位菩薩，我們的相續千萬不可離開菩提心，否則，表面再轟轟烈烈，也還是未趨入大乘修行。

作為其所依，就是法身。而在法身所分成的斷證兩方面當中，行持利他事業的真正增上緣，就是證悟智慧的法身，因此，在該論（《現觀莊嚴論·序品》）中才會有「法身並事業」，以及《攝品》中的「法身事業果」之說。

利益眾生的所依是法身。法身有斷方面的離繫法身

和證方面的智慧法身，其中利生事業的增上緣是智慧法身。法身不離事業，而利生事業要依靠法身，所以，法身與事業合講。其實法身就包含事業，所以，事業就是修菩薩道的目標。

我們在修行之初，一定要有發心。就像早起後的念誦「為利一切眾生，我發無上菩提心……」我們做任何善事之前，要為利益眾生而發心；乃至成了佛，利益眾生的事業也永不間斷。所以，《現觀莊嚴論》從頭到尾的核心內容，就是利益眾生。

由此可見，雖然現前一切種智，是指斷除二障及習氣的成就，但小乘道也承許聲緣阿羅漢所趨入的無餘涅槃，也是以無依的方式斷除了二障，所以，論典中才會就此說道：大小乘果位之間的差別，是不能以所斷來加以區分的，而只能以所證的智慧法身與事業來加以區分。

現前一切種智，有兩方面功德：第一、斷除煩惱障、所知障以及細微習氣，成就斷德；第二、具足圓滿證德。其中第一點並非我們的究竟所求。

為什麼呢？因為小乘也承許阿羅漢趨入無餘涅槃時，以無依方式斷除二障。《俱舍論》未明說所知障，但代替它的詞叫非染污無明。在阿羅漢趨入無餘涅槃時，煩惱障已盡除；所知障——非染污無明不是以抉擇滅方式而斷，但因滅盡了五蘊，它以無所依的方式被斷

除。這是小乘自宗的承許。雖然從大乘來看這種說法不盡合理，但作為大乘，如果把斷障作為究竟所求，還是難免同於小乘。

很多人想斷除貪、嗔、癡等一切煩惱，並以此為學佛的目標。但僅斷了這些也說明不了問題，因為沒有二障的東西很多，像石頭、柱子，還有這朵鮮花，也都沒有煩惱障和所知障。所以，這一點並不是我們的所求。

那我們應該希求什麼呢？就是法身智慧果。因為法身智慧具足圓滿功德，可以饒益無邊眾生。有人見釋迦牟尼佛莊嚴，也想成為那樣，「我若成了佛，很多人會喜歡我，所以我要作佛……」但這不是目的，目的應該是饒益無邊有情。因此，大小乘果位的差別，不以所斷，而是以所證來區分。而所證方面，所證的空性智慧雖有差別，但主要還在事業。發小乘心的人，自己急於入涅槃，並未利益眾生；而有了菩提心的人卻不願獨自安住，見到可憐的眾生沉溺而無助，只會選擇行持饒益。所以，大小乘的主要差別是從法身和事業上分。

為了無錯謬地認知大乘發心的最初動機，前面已經闡述了「大乘道的追尋目標，並不是斷除二障之佛果」的道理，但從令他相續成就的角度而言，（將斷除二障的佛果）說成是（大乘道的）究竟追尋目標或結果也並不與此相違，

為了讓人無誤明了大乘發心的最初動機是利益眾

生，華智仁波切闡述了大乘的最終目標不是自己獲得寂滅之佛果。但從令別人獲得圓滿功德的角度而言，說斷除二障之佛果是大乘的究竟目標，也不相違。

一方面，我們發願讓一切眾生得佛果，但佛果必定斷除了二障，所以從他相續的角度，說讓他獲得斷除二障的佛果是大乘的最終目標，這和利益眾生的道理不相違。另一方面，即使最終目標是自相續獲得佛果，但只要佛果包括了利他之事業，也不相違。《大圓滿心性休息大車疏》講了三種發心，而發心中不離利益眾生是關要。離開了利益眾生，那麼如國王、舟子、牧童般，自己在前、中、後成佛的發心都不合理；但只要是為眾生，自己先成佛也可以，後成佛也可以，一起成佛也可以。所以，想讓眾生迅速獲得佛果，我們才尋求斷除二障的佛果，這是不相違的。

雖然我們有時會分別提到佛陀與遍智二者，但它們之間的意思卻是毫無差異的。

本論第一品講遍智，第八品提到佛陀——法身，好像兩者是分開的，但它們的意思毫無差異。也就是說，法身就是遍智，遍智就是法身。只不過遍智是從所求目標的角度而言；而法身則是從果，也就是在眾生界示現事業的角度而講的。

如果將八現觀以基道果的方式進行安立，則在《現觀莊嚴論·攝品》「初境有三種，因四加行性」中所謂

的「因」，可以有向上結合與向下結合的兩種宣說方式，但其內在含義卻都是一樣的。

《現觀莊嚴論》的八現觀，如果歸納於基道果三現觀當中，那麼本論最後一頌「初境有三種，因四加行性」裡面的「因」，就可以有兩種解釋：一種向上，與前面的「三種」——三智相結合，也就是說成佛的因是三智；另一種向下，與下面的「四加行」結合解釋，說明行持四加行是成佛之因。

但不管怎樣解釋，意思是一致的。將四加行解釋為成佛之因，是說四加行的利他行持不離菩提心，所以是成佛之因；而以三智來解釋，則是說緣於三智的利他發心就是菩提心，所以也是成佛之因。雖然印藏的注疏對此有不同解釋，但總體來講不矛盾。

在通過聞思來抉擇基法三智以後，以修習四加行之道法作為修持過程，其結果，就是現前法身。

八現觀對應基道果，首先通過聞思方式抉擇基法三智，即三智作為基，而修持四加行是道，現前法身是果。

也可以按照本文所宣說的方式，從發心與加行的角度，將基道果分為兩種：其一，為了令果——一切種智現前，依靠對諸大菩薩一切道的了知，於修學利他行為之前，以遠離對基——蘊界處之一切萬法的三十二種增益的方式而證達；

為了現前遍智佛果這一目標，需要現前菩薩道智以發起大乘菩提心，而要通達道智，則要對蘊界處一切萬法遠離三十二種增益——所斷基智，也即遠離小乘的自私自利心或對蘊界處的實有耽著。所斷基智是獲得道智的違緣，只有遣除違緣之後，才可以現前菩薩的智慧、修學利他行為。

所以，從發心的角度，我們為求遍智、為修學道智，一定要證悟空性。不證悟空性，就不可能斷除我執並真實饒益眾生。以布施波羅蜜多為例，它有兩種違品：一是對事物的實執，另一個是慳吝心。不斷除實執、不對治慳吝就不可能斷除自私自利心、並清淨布施度，因此，我們一定要先證悟空性。

其二，以三無生攝持基法三智所攝的一切萬法，以正等加行修持空性，並將依靠正等加行而在自相續中生起的，作為道的所有證悟智慧，以次第加行而加以穩固，其暫時的果，是頂加行與剎那加行二者；其究竟之果，則是現前法身與事業。

對於三智所攝的一切萬法，以三無生攝持，依正等加行修持空性。在依正等加行的兩種加行（不住加行和不行加行）修持並生起道相，也即令三智之相獲得自在之後，再修持次第加行令證悟境界穩固，其暫時的果是頂加行和剎那加行，而究竟之果則是現前法身與事業。

《現觀莊嚴論》的整個框架就是如此：前面講三菩

提心的對境，中間講修法，最後講利益眾生。

通過這次學習，我們最主要的收穫，應該是明白了利益眾生的重要性。許多年以前，我在上師如意寶面前聽受了這部法，當時的很多內容已經忘了，但始終忘不了的，就是獲得法身並非究竟目標，必須要有弘法利生的事業，所以修行人絕不能希求沒有事業的法身佛果。而直到現在我都認為，這是最根本的問題。

以上我們講了《總義》的內容。就像一棟建築，主體結構完成了，就可以進入內部裝修，花紋、電路……一步步進入這些細節。同樣，我們先學《總義》，總的知道了三智、四加行和法身，之後就可以進一步研究具體內容了。而最初沒有定下框架，直接從細節入手，那就很難從全論的角度進行理解。所以，在講《現觀莊嚴論》頌詞之前，我們先講了《總義》。

有些人沒學過《現觀莊嚴論》，覺得先講頌詞再講《總義》會好理解。但我想，在《現觀莊嚴論》這部著名論典當中，彌勒菩薩以幾百頌詞概括了《般若經》的所有教言，如果先講細節，恐怕很多人不能通達具體意義，所以先講《總義》為大家建立一個框架。我們可以略略作個回顧：講三智時，說明三智是願菩提心、行菩提心和勝義菩提心的對境；講四加行時，又宣說了在勝義與世俗中如何修三智之相；而最後講法身果時，則說明不離利益眾生之事業。因此，我們以一部《總義》，

就能對般若法門有個大略的了解。

因此，在乃至輪迴未空之前，利他的廣大事業也會以無有間斷、遠離勤作、任運自成的方式而實現。

輪迴不會空，如果輪迴空了，佛陀就沒有事業了。所以乃至輪迴未空之前，利益眾生的廣大事業都以無有間斷、遠離勤作、任運自成的方式實現。到那時，我們也不用天天忙，也都會以遠離勤作的方式展開利生事業。這不就是每個大乘修行人的最終目標嗎？

追隨精確無謬而宣說，

依照極難測度佛母㉟意，

無與倫比闡說之聖論，

大智者之密意而撰著。

「無與倫比闡說之聖論」指聖解脫軍論師的論典，「大智者」指宗喀巴大師。對於極難測度的般若佛母意趣，聖解脫軍論師以無與倫比之殊勝論典作了精確無謬地闡釋；根據聖解脫軍論師結合《般若二萬五千頌》所作的這部《現觀莊嚴論釋》，宗喀巴大師作了《現觀莊嚴論金鬘疏》並融入密意。而華智仁波切就是追隨宗喀巴大師的密意，撰著了這部《總義》。

在此世間，《現觀莊嚴論》的最主要解釋者有兩位，一位是獅子賢論師，一位是聖解脫軍論師。就像學中觀者都承認龍猛菩薩和月稱論師的觀點一樣，凡是學

㉟佛母：指《般若經》。

《現觀莊嚴論》者都承認他們兩位的觀點。所以我們要知道，佛陀的般若教義由《現觀莊嚴論》開顯以後，並非人人都懂，而聖解脫軍論師完全通達其意趣並撰著的聖論，也只有宗喀巴大師才能完全通達。

除了這部修行次第的《總義》之外，華智仁波切還有一部《現觀莊嚴論總義》，近似於宗喀巴大師的《金鬘疏》，應該是寧瑪派自宗關於《現觀莊嚴論》的一部殊勝論典。以前我想翻譯這部論典，但因時間緊沒有譯成。不過那的確是一部非常好的論典。八六年法王如意寶講過一次，當時法王說以後還要講，但以後再也沒有講。其實還有很多法，當時在上師面前也感覺不到，但後來才知道，這是上師的第一次傳講，也是最後一次。所以，你們在法師面前聽的法很可能也是如此，是第一次，也是最後一次。一定要珍惜啊！

> 縱有稍許他釋未宣義，
> 然於眾智者之善說中，
> 已經間接宣說且符合，
> 慈氏餘論之義而撰著。

《總義》裡的確有些內容是其他著疏未提及的，比如三智是三種菩提心的對境；利益眾生較得佛果更重要……或許是我孤陋寡聞，但這樣直接宣說的，我在印藏其他論典中未曾見過。當然，華智仁波切說：這些「未宣之義」還是被眾智者的論典間接講到了，而且也都極為符合彌勒

《現觀莊嚴論總義——修行次第略說》《現觀略義講記》合刊

菩薩《寶性論》、《辨中邊論》等論典的意趣。

> 甚深大乘此法乃屬境，
> 吾見經云若有於聖法，
> 非分僭越臆造罪極重，
> 故若有過誠心發露懺。

甚深的大乘佛法是嚴屬對境，華智仁波切說，我在經典中見有記載：如果對殊勝的般若法門有非分、不符正理、僭越之臆造，罪過極重。

的確如此，對般若空性，有些孤陋寡聞或淺慧者以分別念臆造的方式解釋，罪業非常嚴重。如《般若經》裡講過：有人雖已承事過無量佛陀，但因智慧淺薄，聞般若法門而捨棄，那麼那些佛陀也無法拯救他，最終墮入無間地獄。所以，般若是非常嚴屬的對境。

當然，也正因為是嚴屬對境，所以我們以虔誠信心供養，功德也極大。如《般若經》又講：帝釋天問佛：於恆河沙數世界遍滿佛舍利，應供養舍利還是供養《般若經》？佛說：不必供養舍利，而要供養《般若經》。帝釋天問：為什麼？佛說：因為佛陀從般若中出生，而佛涅槃以後才有舍利，所以舍利雖是寶物，但源於般若。還有一個比喻：比如，雖然從寶篋中取走了如意寶，但人們還會供養這個寶篋，這是因為如意寶的功德而使寶篋也變得珍貴。同樣，因為如來的舍利是般若智慧的住處，所以，人們由尊貴般若波羅蜜多功德的緣

第十五課

故，而於如來滅後供養舍利。

因此，不論我們住在家裡還是出門在外，攜帶般若的經函非常重要。最近我在翻譯《般若攝頌》的過程中，就從內心生起了極大信心，因為這部經典的功德確實太大了，和如意寶無別。我也有個打算，以後會要求你們隨身帶著《般若攝頌》。如果要求念誦，很多人不一定能念，因為人比較懶惰，欠的「債」也多。但是《般若攝頌》不離身體，這個應該做得到。所以，我準備作一些法本，讓你們不管到哪裡都帶著。

偈頌當中華智仁波切還說：因為般若法門是嚴厲對境，所以如果我的解釋有過失，就在諸佛菩薩面前誠心懺悔。

華智仁波切是寂天菩薩的化身，所以不可能解釋不了《現觀莊嚴論》，但這樣示現，其實是為了讓後人小心謹慎，有過失也應發露懺悔。不然的話，講錯了過失就很大。當然，如果不是故意亂講，雖說有過失，但念一些懺悔文也可以清淨。

> 然於勝乘甚深此妙道，
> 至誠信奉且於眾經論，
> 稍有諳習修煉之緣故，
> 定於其義之要未違背。

華智仁波切又說：也不用害怕！其實不僅今世，生生世世以來我對大乘空性妙法都很有信心，也不僅有信

心，而且對《般若經》等千經萬論有一定的修煉和通達。所以，我的這部《總義》絕不會有上下錯亂或違背佛法之處。

就像無著菩薩在《佛子行》後面的謙虛偈，華智仁波切也說了一句：般若是特別嚴厲之境，如果我有過失，我要在諸佛菩薩面前懺悔。但老人家隨後又說：開個玩笑，你們不用擔心，其實我對甚深法門極有信心且極為精通，所以意義上不會有過失。當然，意義上無過失，詞句上更不會有問題。因為華智仁波切的文采跟妙音天女無別，自從他的《蓮苑歌舞》問世以來，藏地各大教派的高僧大德們都齊聲給予讚歎。所以，我們更不必擔憂本論在詞句上有上下不連貫等的問題。總之，這是一部非常完美的論典。

很多高僧大德都會這樣，因為對自己的境界有把握，所以在謙虛的姿態裡，偶爾也會在我們面前稍稍顯露其無上的境界。

> 願以此等無量之福德，
> 令諸眾生永不復受生，
> 三惡道及非天諸惡處，
> 其後往生彌勒佛足前。

華智仁波切作迴向：願以此功德令一切眾生永遠不再轉生於三惡道及非天等惡處，之後往生到彌勒佛蓮足前，在他面前聽受如海法藏後現前成就，利益無邊眾

生。

遵照至尊宗喀巴大師所解釋的，在闡釋《現觀莊嚴論》密意方面，於大地上無可比肩，堪稱南瞻部洲日月之聖解脫軍的意趣，在此對其總義略作表述。

在《現觀莊嚴論》的注釋方面，就像月稱菩薩解釋龍猛菩薩的觀點一樣，聖解脫軍在整個大地之上無與倫比如日月一般。對聖解脫軍論師的意趣，宗喀巴大師以《金鬘疏》作了解釋，而華智仁波切又依靠宗大師的觀點，以修行竅訣方式作了一個簡略《總義》。

因認為自己視如心髓般疼愛之部分同門有此需要，而且似乎也符合勝妙之依怙——大恩上師的心意，

為什麼造這部《總義》？因為華智仁波切所極疼愛的部分道友有此需要。當然也不僅是當時的道友和弟子們需要，現在的後學者們也都需要。而且華智仁波切還覺得，造這部《總義》也符合他的根本上師——如來芽尊者的心意。

其實這部《總義》是修行的竅訣。學《現觀莊嚴論》如果全是理論的思辨，可能我們會暈頭轉向。以前我也看過一些大的注疏，裡面有很多藏地各大教派間的激烈辯論，但辯論到最後，似乎連自宗都找不到了。所以，不管智者們如何眾說紛紜，華智仁波切在《總義》中清楚地提醒我們：《現觀莊嚴論》的要點就是最初發菩提心、中間行持菩提心、最後成佛利益眾生。

老狗阿沃故於幾座間撰畢於納瓊靜處。願善妙吉祥！善哉！善哉！善哉！

華智仁波切非常謙虛地自稱「老狗」，為什麼叫「老狗」，欽則益西多吉的傳記裡講了㊱。「納瓊靜處」就在法王如意寶的降生處。以前我們去法王如意寶的降生處朝拜，旁邊有一處極好的森林，華智仁波切就曾在那裡住了一段時間。據說那就是「納瓊靜處」。

第十五課

㊱一天，身為弟子的華智仁波切聽見欽則益西多吉尊者在門外大呼：「老狗！有本事你就出來！」華智仁波切剛出門，一股酒味就撲面而來，他心想：今天上師一定又喝醉了。正思忖間，上師一拳就將他打暈在地。等他甦醒過來時，以前在如來芽尊者前證悟的如同黎明般的心性光明已如日中天般地閃耀著熠熠光芒，他終於徹證了三世一切智慧，獲得了眾所周知的不共成就。從此，華智仁波切在諸多關於修行的著作中都以「老狗」自謙。

《現觀總義講記》思考題

第一課

1.《現觀莊嚴論總義》有何特色？

2.學習本論的目的是什麼？

3.三智與菩提心有何關聯？請詳細說明。

4.請詳細闡述「願菩提心」的修法。

第二課

5.一切種智是從哪兩個方面說明的？為什麼要這樣說？

6.僅以發心等十法，能成立佛陀是遍知嗎？

7.什麼樣的人才堪為《現觀》的「具緣者」？你具足嗎？若不具足，應怎麼辦？

第三課

8.發心後若不知護持，會造成怎樣的後果？你護持得如何？

9.三智之間存在著怎樣的聯繫？為什麼？請分別從聞思、修行的側面，分析三智的次第差別。

10.什麼是真正的大乘發心？你具備嗎？

第四課

11.「三智」如何與《寶性論》中所講的「三寶」相對應？

12.《現觀》中所講的基智是哪一種？為什麼？基智究竟是所捨之法還是所取之法？

13.八種現觀如何攝於三智之中？

第五課

14.請結合比喻說明，「證悟自在」和「證悟穩固」分別是怎樣的加行？你對這樣的修行方法有信心嗎？請談談你的感想。

15.四種加行之間有怎樣的因果關係？其中正等加行達到究竟，有哪幾個階段？請簡單闡述。

第六課

16.《現觀莊嚴論》的修行可以歸納為哪兩種？請舉例說明凡夫應該怎樣修持？在修行上，大小乘之間有什麼差別？

17.正等加行的真正所修是什麼？它們是怎樣的加行？分別有哪些不同的講法？請以「無常」為例，說明你要實際修持。

《現觀總義講記》思考題

第七課

18.請解釋無行加行、無住加行，並說明二者之差別。

19.請依本論觀點，說明聞思般若的必要。

20.請具體說明此論所指出的殊勝修法。

第八課

21.三乘境界如何才能在自相續生起？此三者之間是什麼關係？

22.令諸佛歡喜之道是什麼？

23.對於一百七十三相，凡夫與登地聖者的修行方式有何不同？

24.正等加行、次第加行的修法分別是什麼？

第九課

25.解釋頌詞：「相及彼加行，彼及彼漸次。」並請依此頌說明「六現觀」。

26.請說明正等加行與次第加行的異同之處。

27.聖者入定、出定修法的差別是什麼？

第十課

28.正等加行與次第加行的修法有何差別？修此兩種加行的必要是什麼？

《現觀莊嚴論總義——修行次第略說》《現觀略義講記》合刊

29.你認為「初學者要修六度而菩薩才修空性」的說法合理嗎?為什麼?

30.請說明凡夫及聖者各以修哪種加行為主?不清淨七地與三清淨地菩薩,分別是如何修持次第加行與正等加行的?

第十一課

31.菩薩真實利益眾生的前提條件是什麼?為什麼必須要具足此前提條件?

32.有人認為:「大乘道的究竟目標是證悟無我的智慧。」有人認為:「大乘道的究竟目標是利益眾生。」你如何認為?並請說明理由。

第十二課

33.經論中為什麼說「智慧最勝」、「智慧首要」?請結合經論以布施為例,說明凡夫人所修學的六度並非真正的六度。

34.什麼才是無繆的道之關聯?

35.請引用教證說明,所有功德之本是聽聞及聽聞的重要性。

第十三課

36.請以論中比喻結合意義的方式說明,相續中有自

《現觀總義講記》思考題

私自利心的過患及大菩薩相續中有菩提心的利益？並請結合自相續舉例說明，你在行持善法時是否雜有自私之毒？

37.請解釋「有寂衰損」的含義及其有何過患？

38.凡夫應如何斷除自私之毒？

39.為何說「聲緣道只不過是大乘之階梯」？既然是大乘之階梯，是否大乘行人應先通過修持小乘法門獲得聖果而出離三有，之後再修持大乘法門獲得佛果？

第十四課

40.既然佛陀二轉般若法輪與三轉善辯法輪是圓融無違，為何分開宣說？現在世間人耽著自宗而誹謗他宗的現象應如何才能避免？我們大乘行人應如何做才能真實利他？

41.「為利眾生願成佛」與「願我成就佛果」，這兩個發心都是緣佛果的發心，是否相同？為什麼？

42.對於想要不錯亂修學大乘論義的善緣者，應按何種道次第修學才無有錯謬？

43.華智仁波切為了遣除哪些不合理的見解或發心，才不厭其煩地就一個意義反覆說明？此意義指的是什麼？

第十五課

44.一切佛子的首要動機是什麼？最終的結果是什麼？

45.大小乘果位的差別如何區分？為什麼？

46.印藏注疏中，有些將四加行解釋為成佛之因，有些將三智解釋為成佛之因，二者是否相違？為什麼？

47.請說明學習《現觀莊嚴論總義》的重要性。自己通過此次修學有何收穫？

《現觀總義講記》思考題

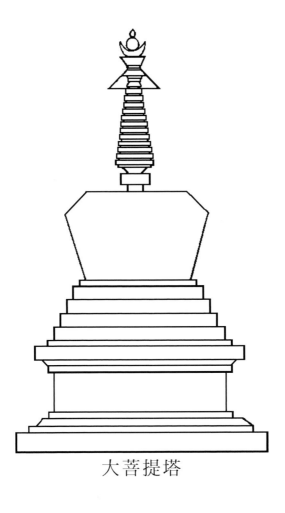

大菩提塔

《現觀莊嚴論總義——修行次第略說》《現觀略義講記》合刊